ギリシア神話の光と影

アキレウスとオデュッセウス

吉田敦彦
Atsuhiko Yoshida

ギリシア神話の光と影　目次

第三部　他の神々と正反対の働きをしたディオニュソス

ギリシャ神話の光と影　アキレウスとオデュッセウス

はじめに

ギリシア神話には、きわめて多彩な多士済々の英雄たちが登場し、それぞれが稀有というほかない才腕を振るい、比類のない大活躍をしていますが、その中でもオデュッセウスは、まさにきわめつけと言うほかなのない異色の存在です。オデュッセウスは勇武の資質にかけても、けっして他の勇士たちに劣っているわけではありませんが、英雄たちの中で彼を際立たせている最大の特徴は何と言っても、古代ギリシア人が「メティス」と呼んだ、必要に応じてあるときは「機知」「機略」としても、またあるときは「奸知」「悪巧み」としても発揮される、「知謀」の絶妙な働きでした。メティスにかけてはオデュッセウスは、最高神のゼウスにも引けを取らぬとされ、『イリアス』二・一六九では彼は、「メティスがゼウスに匹敵する（ディィイ　メティン　アタラントン）」とまで言われています。

『オデュッセイア』一三・二九七〜九行には、メティスの化身である知恵の女神のアテナがオデュッセウスに対してこう言って、彼のメティスを、神々のあいだでだんぜん抜群と讃えられている自身のメティスと、はっきりなぞらえたことを歌われています。

この私がすべての神々の中で、メティスと企り話にかけて、まさに卓絶していると評判を博しているように、そなたはあらゆる人間たちのあいだで、才知と弁舌のだんぜん隔絶した第一人者なのだから（エペイ　シュ　メン　エッシ　ブロトン　オカリストス　アパントン　ブレ　カイ　ミュトイシン　エゴ　パシ　テオイシ　メティ　テ　クレオマイ　カイ　ケルデシン）。

このメティスの働きによってトロヤ戦争の終わりにはオデュッセウスは、有名な「トロヤの木馬」の計略を案出しました。そしてまさに奇想天外だったこの絶妙な計略のおかげでギリシア軍は、それまでこの戦争の花形だった大勇士アキレウスの超人的な武勇によっても、一〇年にわたって難攻不落だったトロヤを、ついに攻略し壊滅させることができたとされているのです。

つまりアキレウスは、英雄たちの時代の締め括りとなる大事件として、トロヤ戦争を起こすことを決めたゼウスが、その戦争で花形の役を演じさせるために誕生させた稀代の勇士で、トロヤの守護に当たった、それぞれに一騎当千だった敵の総大将たちはすべてアキレウスによって撃破されました。だがそのアキレウスも生きているうちにトロヤを攻め亡ぼすことはついにできず、その前に自分自身が無念の最後を遂げねばならなかったとされているわけです。オデュッセウスは、そのアキレウスの死後に、彼が武勇によって落城させることができなかったトロヤを、武勇ではなく持ち前のメティスの働きによって、もののみごとに陥落させたので、ですから一〇年続いたトロヤ戦争のあいだ、オデュッセウスのメティスは、終始アキレウスの武勇と、たがいに華々しく優劣を競い合うことを続けたとも、見ることができるわけです。

このようにして彼のメティスのまさに絶妙と言うほかない働きによってトロヤを落城っせたあとに、オデュッセウスは、トロヤを出発してから故国に帰り着くまでのあいだ、なんと一〇年のあいだ数奇きわまりない冒険の旅をせねばならなかったとされています。『オデュッセイア』には、その長い旅のあいだに彼がどのような不思議な災厄に次々にあい、どのようにそのつどメティスをもののみごとに働かせて、危難をすべて乗り切ったか。そしてトロヤに向けて故国を進発してから二〇年目に、船も家来たちもすべて失って、たった一人きりになり、惨めきわまりない乞食の姿に身をやつして、イタカの居館に帰りつき、そこでどのようにして自分の帰りを待ちわびていた貞節な妻のペネロペや、二〇年前に館を出発したときにはまだ赤ん坊だった愛息子のテレマコスや、父のラエルテスらと再会を遂げ、ペネロペの夫でイタカの王であり、テレマコスの父でラエルテスの息子である自分自身の地位を取り戻したか。そしてイタカの住民らに、理想の王として仰がれ続けられることになったかが詳しく物語られ、まさに異色と言うほかない存在である彼の比類のない価値が、さまざまな点で対照的な英雄アキレウスと対比されながら、鮮やかに浮き彫りにされています。このことからオデュッセウスは、ギリシアの英雄神話の表の顔であるアキレウスに対して、その裏の顔の位置をしめ役割を果たしているということができます。

ところがギリシア神話には、このようにその裏の顔であると言えるオデュッセウスよりも、さらにいっそう異色きわまりない存在が登場し活躍しています。それはディオニュソスです。ディオニュソスは、最高神ゼウスの息子のこよなく尊い神でありながら、なんと、他の主な神たちすべてとまっこうから対立し、その正反対と見なせるような働きを演じているとされているからです。

ギリシア神話では、ディオニュソスを除く他の主な神たちにとってもっとも大切な務めは、ゼウスによって世界に定められている、ギリシア人によってコスモスと呼ばれている秩序を、それぞれの分野で維持し、それが乱されるのを、けっして許さないことでした。コスモスはあらゆるものに、ギリシア人がモイラと呼んだ運命の違いがはっきり定められ、それが混同されることがけっして無いことで維持されていると考えられていました。

モイラの違いの中でもっとも肝心なのは、人間と神の違いで、この神と人間の区別をけっして乱さぬことにもっとも厳格な神はアポロンだと考えられていました。それに対してディオニュソスは、自分の信仰に帰依する女たちに、神と自分が同化する体験を味わわせ、自然界との融合を遂げさせると信じられていました。それでアポロンとディオニュソスのあいだには、アキレウスとオデュッセウスのあいだにあったような、一方をギリシアの表の顔、一方を裏の顔と見なせるような対立があったわけです。この本ではこのアキレウスとオデュッセウス、またアポロンとディオニュソスの一方を光、他方を影とも見なせるような対立が、古代ギリシア文化を、われわれが知るような複雑な意味深いものに形成するために、どのような肝心な役を果たしたかを検討してみることにしたいと思います。

第一部　アキレウスの武勇

1　英雄たちの時代を終わらせたトロヤ戦争

西洋の文学の歴史は、紀元前八世紀にギリシアで、どちらもホメロスという名の詩人の作品だったと伝えられている『イリアス』と『オデュッセイア』という叙事詩が、相次いで作られたことで始まっています。これらの二編の叙事詩には、文字通り波乱万丈のギリシア神話の締め括りになった大事件であるトロヤ戦争と、その余波として起こったきわめて数奇な出来事が取り扱われています。そして『イリアス』ではアキレウス、『オデュッセイア』ではオデュッセウスという、この戦争でギリシア軍の勝利のために決定的な貢献をした大勇士が、それぞれの叙事詩の主人公になっています。

トロヤ戦争が起こったとき地上には、ギリシア神話で活躍を物語られている英雄たちが暮らしていました。この英雄たちよりも前の太古には地上には、まず『黄金の種族』と呼ばれる最古の人間たちが住んでいました。この最初の種族の人間たちは、天上にいる神々と違って不死ではありませんでしたが、老いることがなく、病気もその他の苦しみも悩みも、いっさい知りませんでした。その上に彼らの暮らしに必要なものは、大地があり余るほど自然に産出して与えてくれたので、彼らにはいまの人間たちと違って働く必要がなく、天上の神々と同様に、いつも宴会だけを楽しみながら生活していました。そしてまるで神々のような幸せな暮らしを、若いままで楽しんだ末に最後には、私たちが眠りにつくように安らかに死んで、地上からいなくなったのです。

この黄金の種族の人々のあとに、ゼウスは地上に、第二番目の「銀の種族」と、第三番目の「青銅の種族」の人間たちを、次々に発生させました。しかし彼らはどちらも、黄金の種族よりもずっと劣っていました。まず銀の種族の人々は、成長の速度が異常に遅くて、生まれてから一人前の若者になるまで一〇〇年もかかりました。その上、彼らは大人になっても、敬神の念をまったく持たず、神々を祭ったり拝むことをいっさいしませんでした。そのために彼らは、怒ったゼウスによって亡ぼされて、地上から消滅してしまったのです。

そのあとに発生した青銅の種族の人々は、生まれつき凶暴で怪力の戦士たちでした。そしてたがいに闘いあうこと以外には何の興味も持たず、ただ戦争だけをくり返して暮らしていました。それでゼウスは彼らにも愛想をつかし、しまいに大洪水を起こして陸地を水の底に沈め、この邪悪な人々を地上から一掃しました。そしてそのあとに、彼らよりずっと正しい第四番目の種族として、英雄たちを地上に出現させたのです。

この英雄たちは、第五番目の「鉄の種族」である現在の人間たちと血がつながっている、私たちの遠い祖先たちです。つまり私たちが属している鉄の種族は、その前に地上にいた黄金と銀と青銅と英雄の一番目から四番目の種族がそうであったように、前にいた種族の人々がいったんすっかり消滅したあとに、次の新しい種族が一から作られるというやり方で、誕生したわけではなかったのです。だがそれにもかかわらず英雄たちは、現在の人間とは別の種族だとだれの目にもはっきりと分かるほど、鉄の種族の私たちよりも格段に優れた人々でした。彼らと神々の関係も、混同することはけっして許されませんでしたが、天上で活動している神々の姿が見えず、声を聞くこともできない、いまの人間たちの神々との触れあい方とは比較にならないほど、ずっと親密でした。それでこの時代には、男の神が人間の女を愛して子を産ませたり、女神が人間の男と関係を持って子を産むことも、それほど珍しい出来事ではなかったのです。このようにして生まれた、神を片親に持つ半神の英雄たちこそ、英雄たちの時代の花形でした。彼らはけっして神ではなく、あくまで人間でしたが、ただの人間ではあり得ない超人的な武勇と能力を持ち、神話に物語られているような、さまざまな冒険を成し遂げ、多くの輝かしい偉業を達成したのです。

だがゼウスは、このような英雄たちが華々しい活躍をする時代を、いつまでも続かせることはしませんでした。それは英雄たちの数がどんどん増え、大地の女神のガイアが、彼らが縦横無尽にする活動を支えるのを、重荷に感じるようになったためでした。そうなっても彼らは、そんな大地の苦しみに頓着をせずに、傍若無人な活躍をすることを止めませんでした。それでガイアはしまいにたまりかねて、思い上がってやりたい放題の振舞いに耽っている英雄たちを亡ぼして、自分の耐えている重荷を軽くしてくれるように、ゼウスに訴えたのです。

ガイアはゼウスの祖母に当たる偉い女神ですので、この大地の女神の願いをゼウスは、いつまでもないがしろにしておくことはできませんでした。ゼウスはそれで英雄たちが何よりも大好きな戦争をして、たがいに殺しあった末に亡びることにしようと決めたのです。そしてそのために、ギリシアに住む人たちだけでなく、世界の辺境や果てに住む者たちまで巻きこんだ大戦争を引き起こして、その戦争とそのあとに続いて起こる事件によって、英雄を地上からすっかり消滅させ、彼らよりずっと劣った子孫たちである、現在の鉄の種族の人類に交替させたのです。トロヤ戦争はこのようにして、英雄の時代を終わらせるために、ゼウスによって起こされた大事件でした。

この戦争を起こすことに決めたゼウスは、そのためにまず、英雄たちが夢中になって恋をし、奪いあって、血みどろの殺しあいをせずにいられなくなるような絶世の美女を、自分の娘として地上に誕生させることにしました。そしてそのために彼は、ネメシスという女神を抱擁しました。このネメシスの務めは、思い上がりを罰することでした。ですから身のほどをわきまえなくなった英雄たちが、亡びる原因となる子を産む役をさせるのに、このネメシスほど相応しい女神は他にいなかったのです。

ところが彼女はこの役目を果たすことをいやがって、いろいろなものに姿を変えて、ゼウスから逃げようとしました。しかし最後にガチョウに変身をしたところで、白鳥になったゼウスに捕らえられて抱かれ、やがてまっ白な卵を産みました。ゼウスはお使いの役をするヘルメスという神に命じて、この卵をスパルタに持って行かせて、この国のテュンダレオスという王の妃だった、レダに預けさせました。このレダもたぐいまれな美女で、ゼウスの愛人にされて、ゼウスの子であるポリュデウケスと、人間の夫の子であるカストルという、双子の男の子を産んでいました。

彼女に預けられた卵からはやがて、美の女神のアフロディテの生まれ変わりではないかと思えるほど、それはそれは美しい女の子が生まれ、ヘレネと名づけられて、テュンダレオスとレダの子として育てられました。

白鳥に変身したゼウスに抱かれて卵を産んだのが、ネメシスではなくレダだったとされている話もあります。この話ではレダは卵を二つ産み、その一つからはポリュデウケスと父親がテュンダレオスだったクリュタイムネストラという女の子との二人の子が生まれ、もう一つの卵から、カストルとヘレネの二人が生まれたのだとされています。

このようにして世界に起こすことに決めた大戦争の原因となる、だれもが夢中で恋をせずにいられなくなる絶世の美女を誕生させたあとに、ゼウスは次にこの美女のせいで起きることになる戦争の花形として、無双の勇士を出生させたいと思いました。そしてそのための方法を、テミスという掟の女神に相談したのです。そうするとテミスは、ゼウスの胆を冷やすある重大な秘密を教えてくれました。

ゼウスはこのとき、海に住んでいるテティスという女神に、熱心に求愛をしていました。テティスは、ネレウスという老賢者の海神が、大地を取り巻いて流れ、世界中の河川と泉の水源となっているオケアノスという大河の神の娘の一人のドリスという女神を妻にして生ませた、ネレイデスと呼ばれる五〇人の海の女神たちの一人でした。そしてどれも美しいと評判の高かったネレイデスたちの中でも、だんぜん傑出した美女だったのです。そのためゼウスだけでなく、海の支配者のポセイドンも、この女神に執拗に言い寄っていました。

ところがこのテティスは、だれの子を生んでも、その子が必ず父親よりも強くなるという、運命の定めを負っていました。つまりもしゼウスかポセイドンが彼女に子を生ませれば、その子は父の神よりも強くなるので、世界を支配している現在の神たちは、その地位をテティスの子によって、奪われるところだったのです。

テミスからこの秘密を教えられたゼウスは、すぐにテティスへの求愛を止め、ポセイドンにもわけを話して、この剣呑な女神に言い寄るのを止めさせました。そしてテティスをテッサリアのプティアという国の王だったペレウスという人間の英雄と結婚させて、その結婚からトロヤ戦争の花形となる、大勇士のアキレウスを誕生させることにしたのです。そうすればこの結婚から生まれるテティスの子が、人間の英雄である父のペレウスよりどれほど強くなっても、その子によって現在の世界を支配している、神々の地位が脅かされる心配はなかったからです。

ペレウスはそれでゼウスから、人間の身で海にいる不死の女神を捕えて、力ずくで妻にするようにという、大変な難題を課せられることになりました。だが彼には、こんなときにいつも味方をしてくれる賢い保護者がいました。それはペリオンという山の奥にある岩屋に住んでいた、ケンタウロスのケイロンという神様でした。ケンタウロスというのは、四本足の馬の下半身に、人間の上半身がついている怪物です。だがケイロンは、好色で乱暴な他のケンタウロスたちと違って、形は怪物でも温厚な老体の不死の神で、非常な物知りでした。それでペレウスに、どうすればゼウスに命じられたように、テティスを妻にすることができるかと相談されると、彼にこう教えてくれたのです。

この山のふもとの近くの海岸に、セピアスという岬があり、そこにテティスが満月の夜に決まってやって来る岩屋がある。そこで満月の晩に、岩の陰にじっと隠れて待ち伏せしていれば、彼女を捕えることができるだろう。抱かれると彼女は、人間の男と関係することをいやがって、ありとあらゆるものに姿を変えて逃げようとするだろう。だが何に変わってもひるまずに、しっかり抱きしめて離さずにいれば、しまいにあきらめてもとの美しい女神の姿に戻って、結婚を承知してくれるだろう。

ペレウスはそれで教えられた通りにして、セピアスつまり「烏賊岬（セピアはギリシア語で「烏賊」という意味）」という妙な名前のついている岬の岩屋で、満月の夜に待ち伏せをし、テティスを捕まえました。すると女神は、彼の腕の中でまず火に変わり、それから水や木や鳥やライオンや蛇などに次々と姿を変えて、懸命に逃げようとしました。だが何に変わってもペレウスが怖がらずに、しっかり抱きしめたままでいると、最後に、それがこの女神の隠れた正体だった大きな烏賊の姿に変わってから、そのあとでもとの絶世の美女の姿に戻りました。そしてついに、ペレウスの抱擁に身をまかせたのです。テティスがこうしてペレウスと、夫婦の契りを結んだことを知ると、ゼウスは天上のオリュンポス山に住む神たちみんなといっしょに、ペリオン山に降りてきました。そしてそこで盛大な宴会を開いて、この女神と人間の英雄の結婚を祝ったのです。

だがこの結婚は、長くは続きませんでした。ペレウスの子としてアキレウスを生んだあとで、テティスはこの子を、不死にしようとしました。そのため彼女は、神々を不死にしているアンブロシアという食べ物を赤子の体にすりこみ、夜になると彼を火の中で燃やすことを続けていました。それは人間の肉体を少しずつ燃やして減らしていき、体をだんだんと不死にするためでした。だが一二日目の夜に、ペレウスが夜中に目を覚まして、テティスのしていることを目撃してしまったのです。彼は妻の女神が赤ん坊を焼き殺していると思って、悲痛な叫び声をあげました。アキレウスを不死にしようとしたテティスの企ては、この妨害のせいで中途半端で終わってしまいました。落胆したテティスは、赤ん坊を火から取り出し床の上に置きざりにして、海にいる父と姉妹たちのところへ帰って行きました。だがこの母のしてくれたことのおかげで、アキレウスは不死にはなれませんでしたが、彼の体は母が彼を火で燃やしたときに掴んでいた、両足のかかと以外はどんな武器でも傷つけられなくなったのです。

アキレウスを不死にしようとしたテティスが、そのために赤子だった彼の体を、地下にある死者の国に湧くステュクスという泉に浸したという話もあります。この話ではやはり彼の両足のかかとだけが、そのときにテティスの手の中にあったために神聖な水につからず、他は不死身になった体の中で、そこだけが普通の肉体のままで残ってしまったのだとされています。

テティスに去られたあとでペレウスはアキレウスを、ペリオン山の岩屋に連れて行きました。それは彼をそこにいるケイロンに預けて、完璧な英雄に育ててもらうためでした。ケイロンは医術の神のアスクレピオスを、生まれるとすぐに父のアポロンから預かって育てたこともあるなど、教育者としてもきわめて評判が高かったのです。彼はアキレウスにも武勇と共に医術も教え、またライオンの内臓や熊の骨髄など、力と胆力のもととなるものを食べさせて、彼がいやが上にも強くたくましく豪胆になるように育てました。そのおかげでアキレウスはまだ幼子のうちに、ライオンを格闘で負かし、鹿と競争して勝ち、重い槍をまるで矢のように、軽々と投げることができました。ケイロンは彼に武勇と医術だけでなく、道徳や礼儀作法や音楽や、神々を敬うことなどもしっかりと教えこみました。アキレウスはそれで無双の勇士であるだけでなく、他の点でも非の打ちどころのまったくない、ゼウスがトロヤ戦争の花形として計画した通りの完璧な雄傑となり、この戦争でのちの時代の鉄の種族の人間たちからも、不世出の英雄として仰がれ続けられることになるような大活躍をすることになったのです。

2　オデュッセウスの機知（メティス）

『オデュッセイア』の主人公のオデュッセウスは、武勇にかけてもアキレウスには及ばないながら傑出していました。しかし、この英雄をアキレウスと対照的と言えるオデュッセウスの際立った特徴は、何と言っても、ギリシア人が「メティス」と呼んだ、「知謀、術策、姦計」の絶妙と言うほかない働きです。両叙事詩に出てくる英雄たちの中で、ただ彼だけが、「多くのメティスを持つ（ポリュメティス）」（『イリアス』一・三一一、『オデュッセイア』二一・二七四など）とも、「さまざまなメティスを持つ（ポイキロメテス）」（『イリアス』一・四八二、『オデュッセイア』三・一六三など）とも形容され、『イリアス』二・一六九では、「メティスがゼウスに匹敵する（ディィ　メティン　アタラントン）」とまで、言われています。

オデュッセウスのメティスは、トロヤ戦争のそもそもの始まりとも、深い関係がありました。ヘレネが妙齢になって結婚の相手を決めねばならなくなったときに、彼女の人間の父親になっていたテュンダレオスは、大変に困惑しました。ギリシア中からその資格のある英雄たちが、われもわれもと求婚に押しかけてきたのですが、彼らはみなヘレネの美貌に狂ったように恋慕して分別をなくしており、いまにも彼女を奪いあって、血みどろの殺しあいをしそうに思えたからです。

これは、困ったことになった。この求婚者たちの中のだれを婿に決めても、他の英雄たちがたちまち激高して、ヘレネの夫に選ばれた者を、みんなで殺してしまうだろう。どうすればこの事態を平和的に解決して、ヘレネに幸福な結婚をさせてやることができるだろうか。

テュンダレオスがこう思い悩んでいると、求婚者の一人だったオデュッセウスがこう言って彼に、絶妙と思われた案を助言してくれたのです。

求婚者たちに、あらかじめまず神聖な誓いをたてさせ、こう約束させるのです。だれが婿に選ばれても、ヘレネの結婚にけっして異議を唱えない。またもしその結婚に害をする者があれば、全員が一致協力して、ヘレネの夫を助ける、と。そしてその上でヘレネ自身に夫を選ばせるのです。そうすれば彼女の結婚は、けっして争いの種にならないだけでなく、将来もしそれをこわそうとする者があれば、その不埒者はギリシア中の英雄をことごとく敵として戦わねばならぬことになるでしょう。

この助言を聞いて、なるほど、と思ったテュンダレオスは、さっそく求婚者たちを集めて厳かな犠牲の式をあげてから、オデュッセウスの言われたことを、みんなに固く誓わせました。そしてその上でヘレネに夫を選ばせると、彼女はメネラオスという金髪の美青年を指名しました。この若者は、当時ギリシアでもっとも強大だったミュケネという町の王アガメムノンの弟でした。

このメネラオスはこうして、世界一の美女を日夜腕に抱くことのできる果報を、みんなからうらやましがられながらヘレネの夫になり、やがて老齢になったテュンダレオスに代わって、スパルタの王になっていたのです。この戦争は、現在のトルコの北西部の海岸に近い、ダーダネルス海峡に面した丘の上にあって繁栄をきわめていた、トロヤという町の王子だったパリスが、スパルタに来てそこから、この国の王であるメネラオスの妃になっていた、世界一の美女のヘレネを誘拐して攫って行って、自分の妻にしてしまったことだったのです。それでそのメネラオスの妃のヘレネを、トロヤに攫って行って妻にしたパリスは、アガメムノンを総大将にし、かつてヘレネの求婚者だったギリシア中の英雄たちが、それぞれに軍勢を率いて参加した、ヘレネを取り戻すために組織された遠征軍の攻勢を受けることになったのです。つまりトロヤ戦争はヘレネの結婚相手を選ぶ際にオデュッセウスの出したメティスによる妙案によって起きることになったと言っても過言ではないわけです。

しかしヘレネの求婚者だった英雄たちの中に一人だけ、このトロヤへの遠征に参加するのを免れようとした者がいました。それはなんと、この遠征に英雄たちみんなが加わらねばならなくなるように、あらかじめメティスを働かせて妙案を考えた、当のオデュッセウス自身だったのです。

オデュッセウスは、彼がヘレネの結婚に当たってした賢い助言に感謝したテュンダレオスの助けによって、その姪のペネロペという非常に聡明で貞淑な美女と結婚していました。そして才色兼備なこの妻との暮らしに心から満足して、彼女といっしょにいる以上の喜びは、どこへ行ってもけっして得られぬと確信していたのです。その上、トロヤへのギリシア軍の遠征が計画されたときに、ペネロペはちょうど、テレマコスという玉のような男の子を生んだばかりでした。オデュッセウスはそれで、この妻子に後ろ髪を引かれる思いがして、国を出て行くのがどうしてもいやだったのです。

メネラオスが、オデュッセウスを遠征に参加させようとして、彼の国のイタカに来たときに、オデュッセウスは持ち前の知恵をめぐらせて、自分が正気を失ってしまっていると思わせようとしました。そして馬と牛に同じ鋤を引かせて畑を耕しながら、その畑に種ではなく塩をせっせと撒いてみせたのです。だがこのときメネラオスには、パラメデスという知恵者の英雄が同行していて、オデュッセウスの狂気が偽りであることをすぐに見破りました。そしてそのことを証明するために、ペネロペからやにわに赤ん坊のテレマコスを奪い取って、オデュッセウスが鋤を引かせていた馬と牛の前に置いたのです。オデュッセウスはそれを見て大切な一人息子の生命を助けようと、あわてて馬と牛を止め、自分が正気であることを暴露してしまいました。それで彼はイタカからの軍勢を率いて、トロヤへの遠征に参加しないわけにいかなくなったのです。

このことはアガメムノンとメネラオスを大喜びさせました。彼らはこの遠征が成功するためには、オデュッセウスに自分たちの知恵袋になってもらって、必要な策を考えてもらうことが、ぜひとも必要だと知っていたからです。しかしオデュッセウスは、愛しい妻と子と別れて遠征に加わるのが、本当にいやでたまらなかったのです。そのため、パラメデスが自分がせっかく知恵をしぼってした正気を失っている演技を見破って台無しにしたことを、深く恨みに思いました。そしてギリシア軍がトロヤを攻囲していたあいだに、次のような巧妙な策謀をして、パラメデスに仕返しをしたのです。

まず彼はパラメデスの家来の一人を買収して、この英雄の陣屋の地面の下に、たくさんの黄金を埋めさせました。それからトロヤのプリアモス王からパラメデスにあてた、一通のにせの手紙をこしらえました。それには次のようなことが、書かれていました。

かねてから約束してある手はず通り、内通してトロヤ軍が、ギリシア軍の陣地に攻めこむ手引きをしてほしい。成功のあかつきにはすでに支払って、そちらの陣屋の地下に埋められているのと同じだけの黄金を、さらに支払う。また私の長女のカッサンドラを、妻にほしいという要求も承知する。

そしてこの手紙をオデュッセウスは、捕虜にしたトロヤ人の兵士に身につけさせ、その男を夜のあいだに陣地の門を少し出たところまで連れて行って、殺しておいたのです。

朝になるとこの死体と手紙はすぐに発見されて、アガメムノンのもとに運ばれてきました。アガメムノンはただちに大将たちを呼び集め、みんなの前でパラメデスに手紙を見せて、釈明を求めました。彼はすると憤慨してこう申し開きをしました。

これはまったく、身に覚えのないことです。こう言っただけで信じていただけないのでしたら、どうか私の陣屋の地下を、お気のすむまで深く掘り返してみてください。この手紙に書かれている、プリアモスが私に支払ったという黄金など、どこにも埋めてありはしませんから。

ところが掘ってみるとなんと、本当にたくさんの黄金が出てきたのです。アガメムノンは、烈火のように怒りました。そしてなお懸命に無実を訴えるパラメデスの弁明を聞こうとせずに、彼に石打ちの刑を宣告しました。こうして、パラメデスは、味方の兵士たちから石を投げつけられて虐殺されるという、大将としてこれ以上ない不名誉なしかたで、死なねばならぬことになったのです。

オデュッセウスの知恵は、トロヤ戦争にアキレウスを参加させるためにも発揮されました。アキレウスはヘレネが夫を決めたときには、まだ若年だったために求婚者の一人ではなく、ヘレネの結婚に害をなす者があれば彼女の夫を助けるという、英雄たちがたてた誓いに加わってはいませんでした。しかしトロヤに向かう軍勢が結集したときに、神のお告げがあって、アキレウスが参加しなければ、この遠征はけっして成功しないことが知らされたのです。アガメムノンとメネラオスはそこでアキレウスがなんとしても、参戦するようにしてほしいと、オデュッセウスに頼みました。オデュッセウスはそれで彼を迎えにプティアに行ってみたのですが、そこに彼はいなかったのです。

それはアキレウスがもしこの遠征に参加すれば、不朽の名声を得るが、戦場で若死にせねばならぬ運命にあることを知っていたアキレウスの母である女神テティスが、そうなることを避けようとして、ケイロンのもとから彼を引き取り、女の服装をさせてスキュロスという島へ連れて行き、リュコメデスというこの土地の王に預けてかくまってもらっていたからでした。リュコメデスは、テティスから正体を知らされずに預けられたアキレウスを、本当にうら若い乙女だと思いこみ、自分の娘たちといっしょに住まわせていました。アキレウスはそれで王女の一人のデイダメイアと、いつのまにか相愛の仲になり、彼女にネオプトレモスと呼ばれる勇士となる、男の子を生ませてしまっていたのです。

しかし、オデュッセウスはさすがに天下一の知恵者でした。このことをかぎつけると、商人の姿になってスキュロス島にやって来ました。そしてそこで王女たちの前に贈りものだと言って、美しい布の入ったかごを並べ、そのあいだに武器を混ぜて置いたのです。そうすると王女たちはみな、布の入ったかごを手に取ったのに、女装していたアキレウスだけは、とっさに槍と盾を取り上げました。そしてそれと同時にオデュッセウスが、外にいる家来たちにかねて打ちあわせておいた合図をして、戦いのラッパを吹き鳴らさせると、王女たちがみな怯えて震え上がっている中で、アキレウスは女装をかなぐり捨てて、勇ましく武具を身に着けたのです。

こうなれば、こうして勇猛心を呼びさまされたアキレウスに、戦いへの参加を説得することはオデュッセウスにとって何の造作もないことでした。ケイロンのもとで身につけた武勇をいまこそぞんぶんに発揮して武勲をあげ不朽の名誉を得ようとはやり立ってアキレウスはすぐに、トロヤ戦争への参戦を承知しました。デイダメイアは父のリュコメデスといっしょに、彼を懸命に引き留めようとしましたが、何と言って懇願しても、もう功名心に燃えるアキレウスに、トロヤに行くのを思いとどまらせることはできませんでした、彼は泣いて取りすがるデイダメイアを振り切り、彼女にどうか息子を立派な勇士になるように育ててほしいと言い置いて、オデュッセウスらといっしょにスキュロス島を出て行きました。そしてそこからいったんプティアに帰ると、ミュルミドンと呼ばれる一騎当千の兵士たちからなる精鋭の軍勢を五〇隻の船に乗せて率いて、遠征軍に参加したのです。

こうしたアキレウスとは対照的と言えるオデュッセウスの機知はトロヤ戦争後の彼の帰国までの冒険譚である『オデュッセイア』で詳しく語られています。それについては第二部で見たいと思います。その前に第一部ではアキレウスの武勇をさらに詳しく見ていきましょう。

3　アキレウスの武勇と戦争の一〇年目に起こった事件

トロヤ戦争の火蓋がいよいよ切って落とされると、アキレウスはさっそくその緒戦からたちまち、人間業とはとうてい思えぬ猛烈な武勇を発揮して、トロヤ方を震え上がらせました。ギリシア軍の侵攻を受けると、まずトロヤからは、プリアモス王の長子のヘクトルを総大将とする軍勢が出撃してきて海岸で待ち受け、船から次々に降りてくるギリシア勢の上陸を必死で阻止しようとして、両軍のあいだで白熱した激戦が展開されました。このときトロヤ軍の大将の一人に、キュクノスと呼ばれるまさに無敵と思われた、凄まじい豪勇の持ち主がいました。このキュクノスの父親は、海の王の神ポセイドンで、彼はこの父神から、鉄でも銅でも刃物ではけっして傷つけることのできない堅い体を授かっていました。そのため、このときの戦いで彼は、だれからも傷を負わされずに、向かってくる敵を片っ端からみな殺し、自分のまわりにギリシア方の戦死者の山を築いていました。

そうするとこれを見たアキレウスが、彼に一騎打ちの勝負をいどみ、槍も剣もこの敵の体に通らぬことに気がつくと、やにわに剣を逆に持って、その柄で彼の顔面を力いっぱい殴りつけ、ひるんだところを盾で押して、近くにあった山のような大石にたたきつけたのです。これにはキュクノスもたまらずに、無傷のままその場に昏倒しました。するとアキレウスはたちまち、その山のような大石を軽々と持ち上げて、渾身の力でキュクノスの上から投げつけたのです。キュクノスはそれであい変わらず、どこにも傷を受けていないままでしたが、ついに窒息し、絶命しようとしました。しかし、その瞬間に、父のポセイドンによって白鳥に姿を変えられ、どこへともなく飛び去って行ってしまいました。

このまさに奇跡としか言いようのないアキレウスの猛勇を目の当たりにして、トロヤ軍はあまりの恐ろしさに肝がつぶれ、戦意をたちまち喪失して、算を乱してわれ先に町へ逃げ帰りました。そしてそれからはギリシア軍の攻撃を受けても、町に閉じこもったまま、出て来て戦うことをいっさいしなくなったのです。ギリシア軍はそれで全軍が上陸し、乗ってきた船を海岸に引き上げて、それぞれの軍勢が自分たちの船の側に陣地を設営して、町を包囲し攻撃をはじめました。しかし、戦いはじきに、膠着した状態に陥りました。トロヤの町はプリアモスの父のラオメドン王のために、ポセイドンとアポロンの二神が築いてやった堅牢な城壁によって囲まれていました。それでトロヤ方がその城壁の中に閉じこもったまま、出てきて戦わなくなり、城門を固く閉めてしまうと、たとえアキレウスの力をもってしても、人間の力で神の作った城壁を破って、町の中に攻めこむことはできなかったからです。ギリシア軍はそれでしかたなく、トロヤを攻囲する一方で余力を使って周辺の町を攻略しては、財宝や女たちを分捕ってきて、それを大将たちが分けあって、憂さばらしをしていました。

このようにして戦局に大きな変化が起こらないままで、九年という長い年月が過ぎ、戦争が一〇年目に入ったところで勃発したのが、『イリアス』に詳しく物語られている出来事だったのです。そのきっかけとなったのはギリシア軍が近隣の都市から捕虜にしてきて、大将たちが分けあった女たちの中にいた、二人の抜群の美女のせいで、アガメムノンとアキレウスのあいだに起こった激しい葛藤でした。その一人はクリュセという町の王で、そこにあったアポロンの神殿の祭司でもあったクリュセスという人の愛娘だったクリュセイスでした。彼女はテベという町に滞在していたときに、そこを攻略したギリシア軍によって捕えられ、戦利品が分配されたときに総大将のアガメムノンに与えられました。もう一人はブリセイスという美女でリュルネッソスという町の祭司だったブリセスという人の娘でしたが、リュルネッソスがギリシア軍によって攻略されたときに、夫のミュネスをアキレウスによって殺されて捕虜にされ、手柄に対する褒賞としてアキレウスに与えられていました。アキレウスは自分に奴隷として仕えることになったこの美女を、妻にしてやってもよいと思うほど深くかわいがっていました。クリュセスとブリセスは兄弟でした。つまりクリュセイスとブリセイスは、従姉妹同士の間柄だったのです。

クリュセイスがアガメムノンの奴隷にされたことを知ったクリュセスは、娘を買い戻そうとして、手にアポロンの祭司であることを示すしるしのついた黄金の杖を持ち、沢山の財宝を携えてギリシア軍の陣営にやって来ました。そしてこう言ってアガメムノンと他の大将たちに嘆願したのです。

どうかこれらの品を代償として受け取られて、大切な娘は父の私に返してください。さもないとあなた方は、私が祭司としてお仕えしているアポロンを怒らせ、この神から恐ろしい祟りを受けられるでしょう。

これを聞いて他の大将たちはみなアガメムノンに、アポロンを怒らせぬために代償の財宝を受け取って、娘を父に返してやるように勧めました。ところがアガメムノンは怒って、クリュセスに対してこんなひどい暴言を吐いて、彼を追い払ってしまったのです。

二度とお前の顔を、私に見せるな。今度もし会えば、アポロンの祭司のしるしの杖だって、私の怒りからお前を守ることはできないだろう。あの娘は、返してやらない。年を取って、役に立たなくなってからなら別だが。それまではトロヤを攻略したあと、故国のミュケネに連れ帰って、昼は奴隷として働かせ、夜は寝床で奉仕させることに決めているのだから。命が惜しければ一刻も早く立ち去って、二度と戻ってくるな。

それでこの剣幕に恐れて、クリュセスは黙って引き下がって行きましたが、海岸のだれもいない場所に来ると、彼はそこで泣きながら、アポロンにこう言って祈ったのです。

神様、私があなた様のために建ててさしあげた神殿と、そこでお供えしてまいりました供物のことをどうか思い出されて、ギリシア軍に矢を射かけて、あなた様の祭司を侮辱する者が、どれほど重い罰を受けねばならぬかを、アガメムノンに思い知らせてやってください。

そうするとこの祈りを聞いたアポロンが、本当にアガメムノンとギリシア軍に対して激しく怒って、天から降りてきたのです。そして当たるものがたちまち疫病になって死ぬ、人間の目には見えぬ恐ろしい矢を、ギリシア軍に向けて雨霰と射かけました。それでギリシア軍の陣営にはたちまち疫病が広がり、まず家畜が、次には兵士たちがその犠牲になって、死ぬ者がひきもきらず、死骸を焼く火葬の火が絶えるまもない惨状になりました。このような状態が、それから九日間続きましたが、アガメムノンは手をこまねいたまま、何の対策も講じようとしませんでした。それで一〇日目にアキレウスがたまりかねて、自分が音頭をとって大将たちを呼び集めました。そしてアガメムノンに向かって、こう言ったのです。

このままではわれわれは、トロヤの攻略をあきらめて、国へ帰るほかなくなってしまう。いったいなぜこんな災いが、ギリシア軍をとつぜん襲ったのか、予言者に占ってもらってはどうだろうか。

そうするとギリシア軍に参加している、カルカスという高名な予言者が、すぐに立ち上がってこう言いました。

この災いが起こったわけなら、あらためて占ってみるまでもなく、私にはよく分かっています。だがそれを言えば、ギリシア軍の中でもとくに偉いお方を怒らせることになるので、その人の怒りから必ず私の身を守ってくださると誓ってください。

アキレウスはそれで「たとえ総大将のアガメムノンが相手でも、カルカスに危害を加えることは、自分がけっして許さない」と誓いをたてて固く約束しました。そうするとカルカスは、こう言ったのです。

この災いは、アポロンによって下された神罰です。アポロンはあのクリュセスが財宝を持ってやって来て頼んだのに、娘を返してやらず、侮辱を加えて追い返したことに対して、お腹立ちになっていらっしゃるのです。ですからあの娘を何の代償も求めずに、すぐに父のもとに返さねばなりません。そしてそれといっしょに一〇〇頭の牛を運んで行き、クリュセの神殿で犠牲に捧げれば、アポロンはこの疫病を終わらせてくださるでしょう。そうしなければ、この災いは、けっして終わることがないでしょう。

これを聞くとアガメムノンは、たちまち顔色を変えて怒り出しました。だがそれでも、クリュセイスを父のもとに返すことは、しぶしぶ承知しました。他にどうすることもできぬことが、火を見るより明らかだと思われたからです。ところが彼は、自分が気に入っている美女を手放す代わりに、その埋めあわせとなるものを、他の大将たちからもらいたいと言い出したのです。アキレウスはそれで、「その埋めあわせは、トロヤを攻め落としたときに、何倍にもしてきっとするから」と言って、アガメムノンをなだめようとしました。しかし、アガメムノンは、そう言われるとかえってますます激高して、アキレウスと激しく言い争い、しまいにアキレウスに向かってこう言ったのです。

お前が腹を立てて国へ帰ると言うなら、勝手にそうするがいい。私はけっして、引き留めはしないから。だがクリュセイスを手放す埋めあわせには、お前からブリセイスをちょうだいすることに決めた。よこさぬと言うなら、自分でお前の陣屋まで行って、奪ってくるまでだ。

これを聞くとアキレウスも、激しい怒りを抑えられなくなり、アガメムノンに斬りかかろうとして、腰の剣を抜きかけました。だがこの様子を天から見ていた、ゼウスのお妃のヘラ女神が、すぐにアテナ女神をその場に降りて行かせました。トロヤ戦争ではオリュンポスの神たちも二手に分かれて、ギリシア方とトロヤ方のそれぞれを応援していましたが、この二柱の女神たちはその中でももっとも熱心なギリシア方の味方だったので、アキレウスがアガメムノンを殺すのを、何としても止めさせようとしたのです。アテナはそれでアキレウスの背後に降りてきて、やにわに彼の髪の毛をつかんで、すんでのところで、彼が剣を引き抜くのを止めたのです。そして振り返って、自分にしか見えぬ女神を目の当たりにしてびっくり仰天しているアキレウスに、優しくこう言い聞かせたのです。

私が来たのは、お前がアガメムノンを害するのを止めさせるためです。ヘラ女神も心配しておいでだから、彼に剣を向けることだけは、どうか思いとどまっておくれ。言葉でなら気のすむまで、非難してやってよいから。その代わりいまお前が受けた仕打ちの償いは、きっと何倍にもしてさせると、私たちが約束するから。

それでアキレウスも、この女神の言葉にうやうやしくしたがって、抜きかけていた剣を鞘におさめました。これを見てアテナは、満足して天に帰って行きました。それからアキレウスはアガメムノンに、言いたい放題の非難を浴びせた上で、最後にこう言ったのです。

ブリセイスのことでは、私はあなたとも他のだれとも争うつもりはないから、そうしたいのなら勝手に連れて行け。だがあなたのような総大将のもとで、戦うことなどもうまっぴらだ。どんなに頼まれても、もう二度と戦いに参加はしない。そうすればあなたはきっとあのヘクトルの武勇によって味方がさんざん痛めつけられるのを見て、心の底から後悔するだろう。だがそのときには、そんな後悔はもう何の役にも立たないだろう。なんと言ってあやまって来ても、私があなたと仲直りをして、また戦いに加わることは、こんりんざいありえないのだから。

それから彼は陣屋に帰ると、アガメムノンから遣わされてきた者たちに、怒りをこらえてブリセイスを引き渡しました。そのあいだにアガメムノンの方は、クリュセイスを一〇〇頭の牛といっしょに船に乗せて、父のクリュセスのもとに送り返す役目を、オデュッセウスに依頼しました。娘が返されるとクリュセスは大喜びして、さっそく運ばれてきた一〇〇頭の牛を犠牲に捧げて、アポロンにギリシア軍を疫病で苦しめるのを止めるように祈りました。この祈りはすぐに聞かれ、それからはギリシア軍の中で、疫病で死ぬ者はいなくなりました。

一方アキレウスは、ブリセイスが連れ去られたあとで、海岸のだれもいない場所に行き、そこに母の女神のテティスを海から呼び出しました。そして自分がアガメムノンから理不尽な侮辱を受けたことを説明して、母神にこう頼んだのです。

どうかオリュンポスに行かれて、ゼウスにお頼みになってください。トロヤ方を勝たせて、ギリシア方がおびただしい数の犠牲者を出しながら、浜に並べてある船のところまで追いつめられるようになさってくださるようにと。そうすればあのアガメムノンも、無双の勇士の私を軽んじたことが、どれほどひどいまちがいであったかを、腹の底から思い知るでしょうから。

テティスが、不死にしそこなってしまったことがふびんでならず、かわいくてたまらない息子のこの頼みを果たすと約束したことは、言うまでもありません。

それから一二日目にテティスは、ゼウスが他の神々から離れ、一人で世界を見下ろしているのを見て、オリュンポスへ昇って行きました。そして左手でその膝に取りすがり、右手でゼウスのあごの下のひげに触れながら、かつて自分に熱心に求愛したこともある神々の王に、息子に頼まれた通りのことを願ってやりました。そうするとゼウスもこの願いを聞き入れ、承諾のしるしに、長い髪をなびかせながら、オリュンポス山が重みでゆれ動いたほど深く頭をさげておごそかにうなずいてみせたのです。

4　ギリシア軍の敗北とヘラによるゼウスの誘惑

テティスにしたこの約束を果たすために、ゼウスはまずその夜、眠っているアガメムノンに逆夢を見させて、翌日にはトロヤを攻め落とせると思いこませて、ギリシア軍に全軍で総攻撃をかけさせました。そしてその一方で、お使いの役をする虹の女神のイリスをトロヤに派遣してヘクトルに、トロヤ方もアジアの各所から援軍に来ている軍勢と共に町から出撃して、ギリシア軍を迎え撃つようにというお告げを伝えさせました。

このようにして始まった両軍の総力戦の初日の戦闘ではとりわけ、ギリシア方の大将の一人のディオメデスがアテナによって勇気と力を吹きこまれ、トロヤに味方して戦っているアフロディテと戦いの神のアレスまで負傷させて天上に逃げ帰らせてしまうという超人的な猛勇を振るって、トロヤ人たちを震え上がらせました。しかし、そのあとヘクトルが、獅子奮迅の力戦をして、トロヤ方が優勢を取り戻したところで初日の戦闘が終わりました。そして両軍はそれぞれの側のおびただしい戦死者たちを火葬にするために、次の日は戦闘を休止することを約束しあいました。そうするとギリシア軍は、戦死者たちの火葬を終え彼らのために塚を築いたあとに、ピュロスの王で意見をみんなに重んじられていた賢い老人のネストルの提案に従って、自分たちの乗ってきた船を浜に引き上げて並べてある船陣の前面に、大急ぎで堅固な防壁を築き、その外側にさらに深い壕を掘って中に鋭い杭をたくさん打ちこみました。こんな備えはアキレウスが戦っていたあいだは、ギリシア軍にとってまったく必要のないものでした。しかし彼が戦争に加わらなくなったいまでは、ヘクトルとトロヤ軍の攻撃から船と自分たちを守るために、ぜひとも必要だと考えられたからです。

次の日の夜明けにゼウスは神々を集め、これから始まる両軍の戦いに、どちらの側にもけっして加勢してはならぬと厳しく申し渡しました。そうしておいて自分はトロヤの東にそびえるイダ山の頂上に降り、トロヤの町とギリシア軍の船陣と、そのあいだで両軍が激しく戦いあっている戦場が、一望のもとに見下ろせる場所に座を占めました。

両軍はやがて戦いをはじめ、朝のうちはほとんど互角に近い、白熱した戦闘が続きました。ま昼時になるとゼウスは、黄金の秤を手に持ち、その二つの皿の一方の上にトロヤ方の運命を、もう一方の皿の上にギリシア方の運命を載せて、秤の中央を持ち上げました。そうするとギリシア方の運命を載せた側が大地に向かってぐんと下がり、トロヤ方の運命を載せた皿が、天に向かって高く上がって、それによってそれからの戦闘で、トロヤ方が勝つことがはっきりと示されました。ゼウスはそこで稲妻をギリシア軍に向けて放ち、雷鳴を激しく轟かせました。するとそれまでトロヤ勢に対して、何とか白熱した互角の戦いをしていたギリシア方は、たちまち名状し難い恐怖に取りつかれて踏みとどまっていられなくなり、いっせいに算を乱して敗走をはじめたのです。

勝ち誇ったトロヤ軍はそれで敵を、造られたばかりの壕と防壁のところまで追いつめました。そしてそこで先頭に立ったヘクトルが、こう大音声で呼ばわって、味方を励ましギリシア方を震え上がらせたのです。

こんな防壁をこしらえ壕を掘るのに、ギリシア軍はまったく、とんだむだ骨折りをしたものだ。われわれの攻撃の前には、何の役にも立ちはしないのだから。いますぐにそのことをはっきり分からせてやる。ここを突破して船の側についたら、さっそく火を用意しろ。船を焼き払って国へ逃げて帰ることもできなくしてやった上で、煙に巻かれているところをみな殺しにしてやるのだから。

このトロヤ軍の勢いを見て、いても立ってもいられなくなったヘラとアテナは、大急ぎでいっしょに馬車に乗り、天の門を出てギリシア軍を助けに行こうとしました。だがイダの山頂からそれを見たゼウスは、立腹して虹の女神のイリスを、二柱の女神のところに送ってこう言わせました。

ゼウス様はお二方に、それはひどいお腹立ちで、すぐさまオリュンポスへ引き返せと、お命じになっておいでです。そうされないなら、馬車に雷を投げつけ、馬も車もめちゃめちゃにした上に、お二人を転落させ、一〇年たってもなおらぬほどひどい傷を負わせるとのことです。

これを聞いて二人の女神はこわくなって、すごすごと天へ帰って行きました。だがそのうちにギリシア方にとって本当に危機一髪のところで夜になり、その日の戦闘が中止されたのです。ヘクトルはトロヤ人たちに、一晩じゅう火をさかんに燃やし続け、ギリシア軍が夜のあいだに船に乗って逃げて行かぬように、よく見張りをせよと命令しました。彼は明日こそ船を焼いて、敵を全滅させられると確信していたのです。

一方ギリシア方の総大将のアガメムノンはすっかり意気消沈して、ネストルの提案に従ってアキレウスのもとに、オデュッセウスとギリシア軍の中でアキレウスに次ぐ猛勇の持ち主だったアイアスらを、使者として送りました。そして自分が彼を侮辱したことが、とんでもない過ちだったことを認め、その償いのために、いますぐこの上は考えられぬほどの莫大な贈りものをして、まだけっして手を触れていないブリセイスを返し、そしてトロヤを落城させたあかつきには、戦利品の中から彼に、乗ってきた船に積めるだけの財宝を持ち帰らせ、また捕虜にした女たちの中から二〇人の美女を自分で選ばせ、さらに帰国したら自分の娘の一人を彼に妻として選ばせ、その嫁入りにつけて七つの豊かな町を領地として彼に与えるので、どうか怒りを和らげて、また戦闘に加わってもらいたいと、アキレウスに申し入れさせたのです。

オデュッセウスとアイアスらがやってくると、アキレウスは大喜びで歓迎し、陣屋に迎え入れて肉とお酒を彼らに振舞いました。だがそのあとでオデュッセウスが熱弁をふるってギリシア軍が陥っている窮状を説明し、アガメムノンからの申し出を説明し、どうかこの償いを受けてアガメムノンと和解し、ヘクトルを討ち取って自分たちを助けてもらいたいと懇願すると、こうきっぱりと答えたのです。

なんと言われても、アガメムノンと仲直りはできない。ヘクトルとも、もう二度と戦うつもりはないので、明日にも船を海に下ろして、故国のプティアに向けて出航するつもりだ。母のテティスから、自分はこう聞かされている。もしトロヤで戦えば、自分は不滅の栄誉を得られるが、生きて故国には帰れない。またもしいま故国に帰れば、栄誉は得られぬが、長生きをして幸福な暮らしができると。前には私は、不滅の栄誉の方を選ぶ覚悟で決死の戦いをしてきた。

だがもう他人に労苦させて、利益は独り占めにするあんな犬のように貪欲な男のもとでむだ骨折りばかりすることには、ほとほと嫌気がさした。だからいまでは、一つしかない命の方を大切にして、幸福な長生きをしようと決めているのだ。

そしてそのあとはもう、オデュッセウスが何と言って説得しようとしても、ただこう答えるだけだったのです。

自分はアガメムノンから受けた侮辱を思い出すと、いまでも腸が煮え返るので、けっして彼と仲直りはできない。二度と彼のもとで戦う気はないので、帰ってあの男にそう伝えてもらいたい。

それでオデュッセウスらも、説得をあきらめてアガメムノンの陣屋に帰り、そこで待っていたギリシア方の大将たちに、この結果をその通りに報告するよりしかたがなかったのです。

翌日の戦いが始まるとヘクトルの武勇の前にギリシア軍は、アガメムノンをはじめとする英雄たちが次々と負傷して戦えなくなり、じきに総崩れとなって、トロヤ軍は壕を越えて防壁の前まで押し寄せてきました。そしてヘクトルがまず渾身の力で大石を投げつけて、防壁の門の一つの扉の板を粉砕すると、そのあとトロヤ軍は防壁を至るところで突破し、船を並べてあるすぐ側まで、ギリシア軍を追いつめたのです。だがそこでギリシア軍に味方をしている神の一人のポセイドンが、ゼウスが戦場からちょっと目を離したすきに、変身をしてギリシア勢の中にまぎれこみ、まだ負けいくさを必死で戦っている大将たちを激励して、勢いを何とかすこしだけ盛り返させました。

このポセイドンの働きを天から見て、ほっと胸をなでおろして喜んだヘラは、「ポセイドンは本当にうまくゼウスの目を盗んで、ギリシア軍を破滅から救ってくれている。だがこのままでは、まだまだ危ない。何か自分にも、あの頼もしい神の手助けをできないだろうか」と、やきもきしながら思案しているうちに、よいことを思いつきました。

そうだ、あのイダ山の頂上で目を光らせているゼウスのところに、自分ができるだけ魅力的に化粧と装いを凝らして、降りて行ってやりましょう。そうすればゼウスは、このヘラの色香にたまらなく情欲をそそられて、抱いて寝ようとするでしょう。思い通りにさせてやって、陶然となったところで、眠りのとりこにしてしまえばポセイドンはそのあいだにもっとおおっぴらにギリシア方を助けて、ヘクトルとトロヤ軍を手痛い目にあわせ、船から遠くへ追い払ってくれるでしょう。

こう考えたヘラは、すぐに自分の宮殿の奥の間に入って扉を固く閉め、裸になって体をすっかり洗い清め、肌と髪によい匂いのする香油を、たっぷり塗りこめました。それから髪を編んで長く垂らし、美しい衣装を着て、たくさんの飾りのついた帯をしめ、耳たぶにはまぶしく光る宝石のついた耳飾りをつけました。そして着つけをすませるとアフロディテのところに行って、こう言ったのです。

私とあなたは、いまはあなたはトロヤ方に、私はギリシア方に味方して、何か仲違いをしたようになっていますが、本来は女神として協力しあわねばならぬ間柄です。そのことを思い出して、一つだけ私の頼みを聞いてもらえないでしょうか。

そうするとアフロディテは、とつぜん何事だろうかといぶかりながら、こう答えました。

神々の女王のお頼みであれば、おことわりできません。私にできることなら、どんなことでもいたしますが、いったいなんでしょうか。

ヘラはそれで、アフロディテが愛の女神として持っている、神でも人間でもたちまち恋のとりこにしてしまう魅力を、自分にちょっとのあいだだけ貸してもらいたいと頼んだのです。そうするとアフロディテは自分の乳の下に締めている革の帯をほどき、「これをあなたの胸にお入れになれば、その中に必要なものはすべて封じこめてありますから、だれでもすぐに恋のとりこにできます」と言って、それをヘラに渡しました。

そこでその革帯を胸の中にしまってからヘラは、眠りの神のヒュプノスのところに行きました。そして褒美を約束して、ゼウスが自分を抱いて横になったらすぐに眠らせて、そのことをポセイドンに知らせてほしいと頼みました。それからヘラはヒュプノスを連れて、イダ山に降りて行きました。そしてヒュプノスは鳥に姿を変えて、木の中に隠れさせておいて、自分は頂上にいるゼウスの側に、なまめかしく体をくねらせ、しなを作りながら近づいて行ったのです。妃の女神のそのあでやかな姿を見て、ゼウスの心にはたちまち激しい欲情が燃え上がりました。ゼウスはそれで、夢中でヘラをこう言ってかきくどいたのです。

これまでずいぶんいろんな女神や人間の女に恋をして、子を生ませてきたが、いまお前を恋しいと思うほど激しい思いは、まだ一度も味わったことがない。他のことはすべてあとまわしにして、いますぐここでいっしょに抱きあって寝て楽しもう。

それに対してヘラは、内心で「しめた」と思ってほくそ笑みながら、こう微笑して答えました。

神々の王ともあろうお方が、なんというはしたないことをおっしゃるのですか。太陽の神のヘリオスの目が光っている上に、他の神にだって見られてしまいかねぬこんな場所で、そんな恥ずかしいことがどうしてできるでしょう。どうしてもそうなさりたいのなら、オリュンポスの王宮に帰りましょう。そして寝室に入って扉を閉めた上で、私をお気のすむだけ、どのようにでもかわいがってください。

そうするとゼウスは、じらされて欲情をいっそう猛烈につのらせ、「ヘリオスにも他のだれにも見られぬように、いますぐ私たちのまわりをすっかり、金色の厚い雲で包むから安心しなさい」と言うなり、ヘラを抱きよせました。それと同時に両神のまわりの地面には、すきまなく一面にやわらかい若草が生え出てその上に美しい花が咲き乱れ、そのまわりがすっぽりと、まぶしい金色の雲で包まれ、ゼウスはヘラといっしょに、その草花の褥の上に横になりました。そして夢中で抱擁にふけっているところに、ヒュプノスがやって来て、ゼウスを心地よい眠りに引き入れました。それからヒュプノスは、ギリシア軍を激励しているポセイドンのところに行き、こう言いました。

あなたをお助けしようとしていまヘラ様が、ご自分をゼウス様に抱かせておいでになります。そのあいだに私めがゼウス様を、深い眠りで包んでまいりました。ですからこのあいだに、どうかご自由にギリシア方にご加勢をなさってください。

これを聞いて喜んだポセイドンは、それまでのようにこそこそとではなく、大音声を張り上げてギリシア軍を励ました上に、自分が先頭に立ってトロヤ軍と戦いはじめました。トロヤ軍はそれでじきにヘクトルが重傷を負って、戦いをそれ以上は続けられなくなったのをはじめ、全軍が船の側から追い払われ、さっき突破した防壁と壕を越え、総崩れになって逃げて行きました。

5 ギリシア軍を救おうとしたパトロクロスの戦死

しかし、そこでイダの山頂でゼウスが、目を覚ましたのです。そして戦場を眺め、さっきまでと打って変わったこの様子を見て、すぐにヘラの企みに気づき、妃の女神を厳しく叱りつけました。そしてイリスをすぐに派遣して、いい気持ちでトロヤ軍を追い散らしているポセイドンに、こう命令を伝えさせたのです。

ゼウス様があなたに、いますぐ戦いから手を引いて、海の底かオリュンポスへお戻りになるようにと、命令されておいでになります。このお言いつけに従われないなら、ご兄弟でも容赦はせずに、ひどい罰を加えるとおしゃってておいでです。

これを聞くとポセイドンは、自分がゼウスの兄なのにいつも頭ごなしに命令して言うことを聞かせようとする弟のやり方に、ぶつぶつと不平を言いながら、罰を恐れて海底の住居へ帰って行きました。

それからゼウスはアポロンに、ヘクトルとトロヤ軍を助けに戦場に行くように命令しました。前からそうしたがっていたアポロンは、喜んでこの命令に従ってまずヘクトルの側に行き、傷をすっかり治してやって、彼の勇気をふるい立たせました。それからアポロンは、ゼウスから借りてきたアイギスという盾を持ってふりまわしながら、トロヤ軍の先頭に立ちました。アイギスというのは、山羊の皮でできた盾で、ゼウスはこれをふって雲を集めたり散らしたりするのです。そうしながらアポロンがギリシア軍をにらみつけて、大声で叫ぶと、ギリシア軍はたちまち勇気が消し飛んでしまっていっせいに逃げ出し、壕と防壁の中に逃げこみました。ヘクトルとトロヤ軍がそのあとを追って行くと、アポロンが彼らのために壕を埋め防壁を押し倒してくれたので、難なくそこを突破して、たちまち船のところまでギリシア軍を追いつめ、そこでまた大激戦になりました。だがこうなってはアポロンの加護を受けて戦うヘクトルの鬼神のような勢いは、もうだれにも止めることができませんでした。彼はギリシア軍をけちらしながら、一隻の船に近づき、船尾をしっかりとつかんで、こう大声で叫んだのです。

火を持ってこい。そして勝利のときの声をあげるのだ。いまこそゼウスが、われわれに勝利を与えられた。船を焼き、ギリシア軍から帰国の手段を奪った上で、彼らをこの浜でみな殺しにしてやろう。

トロヤの兵士たちはこの呼びかけにこたえて、ときの声をあげて、火を手に持って船の方に押し寄せました。ギリシア方ではアイアスがなお味方を必死で励ましながら、船に火をつけようとする敵兵を何人も殺しました。だがその抵抗ももう空しく、このままではだれの目にもすぐに、ヘクトルの言った通りのことが起こってしまうだろうと思われたのです。

そのあいだにアキレウスの陣屋では、プティアから武将として彼につき添ってきていたパトロクロスというアキレウスの親友が、大粒の涙をはらはらと流して泣きながら、ギリシア軍が陥っている惨状を彼に訴えていました。そしてもし彼がこうなってもアガメムノンに対する怒りが解けず、戦線に復帰してギリシア軍を助けてやることができないのなら、自分がアキレウスの武具を借りて身に着け、ミュルミドンの軍勢を率いて、彼に代わって参戦することを許してもらいたい。そうすれば敵は自分をアキレウスだと思って、船の側から逃げて行き、ギリシア軍がいまの窮地を脱することができるだろうからと言って、アキレウスに懇願したのです。

アキレウスもそれで、朋友のこの懸命の頼みをことわりきれず、こう言ってパトロクロスの申し出を承知しました。

君がそれほど言うのなら、私の武具を着け、ミュルミドンを率いて出陣し、船の側から敵勢を追い払ってやれ。確かにギリシア軍が船を焼かれて、国に帰る手段まで失ってしまっては、君が言う通り気の毒だから。

だがそのあとにつけ加えて彼は、自分の命よりも大切に思っている無二の親友に、こうよくよく言い聞かせたのです。

だがこのことだけはどうか肝に銘じて必ず固く守ってもらいたい。それは船の側から敵を追い払ったら、あとの戦いは他の者たちにまかせてすぐに引き返してくることだ。私から離れた場所で、危険な戦いを続けてはならない。まして逃げる敵を追って、町まで攻めて行くようなことは、けっしてしてはならない。敵には不死の神様方が、いくたりも味方しておられる。とりわけあのアポロンが町を守ろうとされて、きみに手出しをされるようなことがあれば、それこそ取り返しのつかぬことが起こるだろう。だから船が敵の火で焼かれるのを救ったら、すぐに戦いを止めここに引き上げてくるのだ。

そうすると彼がこう言っているあいだに、ギリシア方の船の一隻がトロヤ勢の放った火で燃え、まっ赤な火炎が上がるのが、アキレウスの陣屋からもはっきりと見えました。アキレウスはそこで、パトロクロスにこう言いました。

もう一刻のゆうよもない。船を焼く火が、はっきり見えるから。急いで武具を着て、出陣しなさい。

そしてパトロクロスがアキレウスから借りた武具を着け終わると、アキレウスはそのあいだに集めたミュルミドンたちの軍勢を彼のあとに従わせ、ゼウスに親友の武運と無事な帰還を祈って、戦いに送り出したのです。

パトロクロスを先頭にしてこの精鋭たちがどっと攻めかかると、トロヤ軍はアキレウスが出て来たと思いこみ、たちまち震え上がって船の側から退却し、ギリシア軍は船についた火を消し止めることができました。ヘクトルとトロヤ軍は、防壁と堀を越えて町に向かって逃げて行き、大勢の者が壕を越えられずに、船とのあいだにはさまれて逃げ場を失って、ギリシア軍に殺されました。だがパトロクロスはこの手柄をあげたあと、勝ち誇り戦いに夢中になって、アキレウスが彼にあれほどくれぐれも言い聞かせたことを、すっかり忘れてしまったのです。そして逃げる敵を町のすぐ手前まで追って行き、勢いに乗って、アキレウスにも破ることのできなかったトロヤの城壁を、よじ登ろうとしました。その彼をアポロンが、三度盾を手でついて押し返しました。

そしてそれでもまだひるまずに登って行こうとすると、こう恐ろしい声で叱りつけたのです。

退れ。お前ごとき者が、この城壁を破る運命にはなっていないぞ。身のほどをわきまえろ。

これに震え上がってパトロクロスが引き下がると、アポロンはヘクトルを励まして、彼との戦いに向かわせました。そしてそれでもなおひるまずに、奮戦しているパトロクロスの背後から兜を払い落とし、彼の体から鎧をはぎ取ったのです。パトロクロスがそれで自分に何が起こったのか分からずに呆然としていると、敵の一人が投げた槍で背中を傷つけられました。そしてその痛みに耐えかねて引き下がろうとすると、そこにヘクトルが攻めかかってきて、下腹部に槍をぐさりと突き刺して、ついに彼を落命させました。それでアポロンがすでに彼から剥ぎ取っていたアキレウスの武具は、ヘクトルのものになったのです。

この悲報が、ギリシア軍がまたトロヤ勢に追われて退却してくるのを見て、陣屋の外に出て、パトロクロスがどうなったのか心配しながらやきもきしていたアキレウスに知らされると、アキレウスはいきなりかまどの灰を両手につかんで自分に頭から浴びせかけ、体も衣服も灰まみれにして地面に倒れ、髪の毛をかきむしりながら、悲痛な泣き声をあげました。その激しい叫喚の声は、海底にいるテティスの耳にもはっきりと届きました。テティスはそれですぐに、姉妹の大勢の水の女神たちといっしょに、海から出てアキレウスの側に来ました。そして自分も泣きながら、愛息子の頭を胸に抱きかかえて、こう言ったのです。

何を悲しんで、お前はそんなにかわいそうな様子で泣いているの。この前、お前に頼まれたギリシア軍をさんざん負けさせることは、ゼウス様にお願いして、ちゃんとその通りになるようにしていただいてあげたのに。

アキレウスはそこで泣きながら、パトロクロスがヘクトルに討たれてしまったことを、母神に訴えました。そして最後に、こう言いました。

無二の親友を、側につき添ってもやらずに死なせてしまったいま、私の念頭にはただ一つの思いしかありません。それは憎いヘクトルを、この手で殺して、死体を野犬どもの餌食にしてやることです。そのことさえ果たせば、私はいつ死んでも悔いはありません。

そうするとテティスは、ふびんでたまらずに、アキレウスの頭をいっそう強く自分の乳房のあたりに押しあて、彼の髪をなでてやりながらこう言ったのです。

かわいそうに、そうすればお前は本当に、いま自分が言った通りになってしまうのですよ。

ヘクトルを殺せば、そのあとすぐにお前も死ぬことに、お前の運命は決まっているのだから。

アキレウスはそれに答えてこう言いました。

ヘクトルにいま言った通りにして復讐ができれば、そのあとはもうすぐに死んでも本望です。だからどうか、彼を討つために私がいますぐ戦いに出るのを止めないでください。

するとテティスは、こう言いました。

それほど言うなら、そうなるのがお前の運命なのでしょうから、好きなようになさい。だが戦いに出るには、武具が必要でしょうが、お前の武具はトロヤ方に分捕られてしまい、それをヘクトルが、愚かにも得意がって着ています。だから戦いに出るのは、明日の朝までお待ちなさい。これから私が天上に行き、ヘパイストス様に頼んで、お前に恥ずかしくないすばらしい武具を作ってもらいます。それして明日の夜明けには、それをお前に持ってきてあげますから。

こう言うとテティスは、姉妹の女神たちを海中の父親のもとに帰って行かせました。そして自分はまっすぐに天に昇って行き、ヘパイストスの仕事場を訪ねてこの神に、天下に無双のアキレウスが持つのに相応しい、新しい武具の製作を依頼しました。赤子のときに親神に天から投げ落とされた自分を助け、技術の神に成長するまで保護してくれたことで、テティスに非常な大恩を感じているヘパイストスは、さっそく粋をこらして世にまたとない壮麗きわまりない武具をこしらえ上げてくれました。

やがて夜が来て、ギリシア軍がやっとの思いで敵から取り戻したパトロクロスの遺体を陣営に運びこみ、安置したところで、その日の戦いが終わりました。その夜に開かれたトロヤ軍の大将たちの集まりでは、知恵者として評判の高かったポリュダマスという人が立ち上がって、夜が明けてアキレウスが戦いに出てくれば、まともに戦って勝ち目はないのでトロヤ勢は平原で夜営するのは止め、全軍が夜の内に町に帰ってまた城壁の内に立てこもって戦いを続けようと提案しました。だがヘクトルは、この賢いと思われた意見に、だんことして反対して、「アキレウスが戦いに出てきても、恐れることはない。もしそうなれば、私はけっして逃げずに彼に立ち向かって戦い、あの男が勝つか、それとも私の方が彼を討ち取れるか、武運を試してみるつもりだ」と言って、トロヤの全軍をそのまま夜営させました。

翌日の夜明けに、テティスがヘパイストスに作ってもらった新しい武具を持って来てくれると、アキレウスはそれで戦いに出る準備が整ったことを喜び、ギリシア方の大将たちを呼び集めてみんなの前で、アガメムノンと仲直りをすると宣言しました。喜んだアガメムノンは、「アキレウスを怒らせたときには自分はきっと、ゼウスによって正気を奪われ分別をなくしていたので、そうでなければあんな無礼な仕打ちはしなかっただろう」と言って、心からわびの言葉を述べ、前日にオデュッセウスとアイアスらを使者にしてアキレウスに贈ると約束した財宝と馬と女たちをすぐに陣屋から運んで来させました。そしてブリセイスの肌にけっして触れていないことを厳かに誓って、彼女を他の贈りものといっしょにアキレウスに引き渡しました。やがて出陣の時が来て、ヘパイストスの作った武具を纏ってミュルミドンたちの先頭に立ったアキレウスのまぶしさは、まるで空を行く、ま昼の太陽のようで、ミュルミドンの将兵たちもまともには見られず目を伏せたほど、燦然と光輝いていました。

こうして神に見紛う姿になって参戦したアキレウスは、それからまさに復讐の鬼と化し、以前とは打って変わった無慈悲さで、命乞いもいっさい受けつけず、大地が血の海と化し、川も死体で埋まりせき止められて海に流れて行けなくなるほど、狂ったように敵を殺しまくりました。殺戮を免れた者たちは、算を乱してわれ先に町に逃げ帰って行き、それを見てプリアモス王は城門を開けたままにさせて、彼らを城壁の中に収容しました。そのあいだアポロンが、トロヤ方の大将の一人の姿になって、アキレウスに自分のあとを追い駆けさせて、トロヤ軍が命からがら町に逃げこむのを、助けてやったのです。

6　アキレウスとヘクトルの対決

だがこのときトロヤ軍の中でヘクトルだけは、他のみんなが町に入っても、自分はそうせずに城門の前に踏みとどまっていました。やがてそこにアポロンにだまされていたことに気がついたアキレウスが、向きを変え、猛然と突進してくる姿が見えてきました。これを見たプリアモス王は城門の上から、「どうか城壁の中へ入ってくれ」と言って、白髪を手で引きむしりながらヘクトルに必死で哀願しました。その横では王妃のヘカベが、衣の前を開き、むき出した乳房を手で持ち上げて見せ、涙をいっぱい流しながら、こうヘクトルに叫びかけました。

この乳房から乳を吸ったことを思い出して、どうか母の私の言うことを聞いておくれ。町を守って戦うのは、城壁の中からにしておくれ。アキレウスはお前を殺して、死体を犬に食わせると言っている。もしそんなことになれば私は、愛しい息子に死なれた上に弔いもしてやれぬという、身を引き裂かれるよりももっと辛い目にあうことになるのだから。

だがヘクトルは、それでも城門の中に入ろうとはしませんでした。アキレウスと戦って、自分にほとんど勝ち目がないことは、彼にもよく分かっていました。だが彼はこのとき、悲壮な決意をこう固めていたのです。

前夜の集まりで自分は、ポリュダマスの意見にだんこ反対して、アキレウスが戦いに出てきても恐れず、彼と一騎打ちをすると、みんなの前で公言した。だから命より大切な名誉を守るためには、あの言葉の通りにするよりほかないのだ。

だがそこにヘパイストスの作った武具を身に纏ったアキレウスが、太陽のようなまぶしい輝きを全身から放ちながら、突進してきました。そのまるで鬼神のような恐ろしい姿を間近に見ると、ヘクトルはたちまちどうにもならぬ恐怖に取りつかれ、城壁の周囲をまわりながら、必死で逃げ出しました。アキレウスはこれを見て、猛然とあとを追いかけました。二人の勇士はこうして、追いつ追われつしながら、城壁のまわりを三周しました。

この命がけの追いかけっこが四周目に入ったときに、それを見ていたゼウスがまた黄金の秤を取り出しました。そして一方の皿にアキレウスの運命を、他方の皿にヘクトルの運命を載せ、秤を持ち上げると、ヘクトルの運命を載せた皿の方が、冥府に向かってぐんと下降して、彼がもはや死の運命を逃れられぬことが、はっきりと示されました。それでこのときまでヘクトルにつき添って、彼がアキレウスに殺されぬように守ってやっていたアポロンが、あきらめて彼の側から離れて行ったのです。一方アキレウスの側にはアテナがやって来て、こう言って彼を立ち止まらせました。

止まって、一息つきなさい。ヘクトルをいまから私が、お前との一騎打ちに向かって来るようにさせるから。

それからアテナは、ヘクトルの弟たちの中でも長兄に次いでもっとも勇猛だったディポボスの姿になって、ヘクトルに近寄ってこう言ったのです。

兄さん、私が側にいて槍をお渡しする役をしますから、どうか恐れずにアキレウスと勝負してください。

この加勢に励まされたヘクトルは、勇気をふるい起こしてアキレウスに向かって行きました。それに対してアキレウスがまず槍を投げつけましたが、ヘクトルがうまく身をかわしたので、槍は後方の地面に刺さりました。だがアテナがすぐにそれを抜き取って、アキレウスに返してやったのです。次にヘクトルが槍を投げると、それはアキレウスの盾に当たってはじき返されました。ヘクトルがそれでくやしがって、代わりの槍をディポボスからもらおうとすると、さっきまで側にいたはずの弟の姿が、どこにも見えなくなっていました。アテナにだまされたことに気づいたヘクトルはそこで自分の運命がついにつきたことを知りましたが、それでもせめて立派な死に方をしようと、剣を抜いてアキレウスに斬りかかって行きました。アキレウスはその喉もとのところに槍を突き通して、致命傷を負わせたのです。死ぬ前に、まだ虫の息でかすかにものを言うことができたヘクトルはアキレウスに最後にこう嘆願しました。

お願いだ。私の死体を、犬の餌食にだけはしないでくれ。父と母が財宝を惜しまずに支払うだろうから、どうかそれを受け取って、死体をトロヤに返し、弔いを受けられるようにしてくれ。

だがそれに対してアキレウスは、死んでいくヘクトルを憎々しげににらみつけて、こう言い返したのです。

お前の両親がいくら山のように財宝を積んでも、そんなものはけっして受け取らない。お前に殺されたパトロクロスのためには、これから後世まで語り草となるような、立派な葬式をする。だがお前にはけっして弔いを受けさせず、死体は犬や鳥どもの餌食にしてやるのだ。

ヘクトルが死ぬとアキレウスはその死体から、自分のものだった武具をはぎ取りました。そうするとそこに、ギリシア軍の他の大将たちも寄ってきて、みんながそれぞれの武器でヘクトルの死体を憎しみをこめて刺したり切りつけたりしました。それからアキレウスは、このようにしてさんざんにいためつけて傷だらけにしたヘクトルの死体のくるぶしのあたりに穴を開け、そこに革のひもを通して、そのひもを自分の戦車の後部に結びつけました。そして戦車に乗りこむと、馬たちを全速力で駆けさせて、死体を泥まみれにしながら陣営まで引きずって帰って行ったのです。

その翌日ギリシア軍は、イダ山からたくさんの薪を取って来て、パトロクロスを火葬にしました。そして一晩中あかあかと燃え続けたその火葬の火が、夜明けにやっと燃えつきると、そのあと残り火を消し止めてから、パトロクロスの骨を大切に拾い集めて、両側に把手のついた黄金の壺の中に入れました。それからアキレウスの死後に、彼とパトロクロスの壮大な墓が築かれる場所に、仮の塚を作ってその中にその黄金の壺を安置したのです。

そのあとアキレウスは、葬儀を終えて帰って行こうとするみんなを引き止めて、陣屋からたくさんの見事な賞品を持ってこさせて、死者を弔うための盛大な競技を開催しました。それでギリシア軍の大将たちはその日は日暮れまで、戦車競争をはじめ、拳闘、格闘、走り競べ、槍や弓の試合など、さまざまな競技で夢中になって、腕前を競いあいました。そしてどの競技でも勝った者は、アキレウスからすばらしい賞品を贈られて満足したのです。

だがこのようにして、パトロクロスのための盛大な葬式を終えても、アキレウスの深い悲しみとヘクトルに対する激しい怒りは、まだいっこうにおさまりませんでした。そのあとも毎日、彼は朝になるとヘクトルの死体を戦車の後ろに結びつけ、パトロクロスの墓のまわりをぐるぐると何度も引きずりまわしては、そのあと地面に転がしておくことを続けていました。だが不思議なことに死体は、こんなひどい取り扱いを受けてもいたまず、蛆もわかず、また犬や鳥にも食われませんでした。それは陣営に運ばれてきたあとで、アフロディテがよい匂いのする香油を塗って、死体につけられた傷をすっかりきれいに治してやった上に、アポロンがそれを害から守ってやっていたからです。

7　英雄の理想像を取り戻したアキレウスとその最期

『イリアス』の最後の巻である第二四歌にはアキレウスがどうして、このように仇敵の遺体にまで飽くことなく加え続けていたひどい侮辱を止め、ヘクトルの死体がトロヤに返されて、そこで立派な葬儀を受けられることになったかが歌われています。そしてその事件の中で、それまで見てきたように慈悲心をすっかりなくし、鬼のような憤怒の化身になりきっていたアキレウスが、どのようにして彼の本来のものだった情理に篤い人間性を取り戻して、英雄のまさに理想だった自分自身に立ち返ったかが描かれているのです。

ヘクトルが最後を遂げた日から一二日が経ったところで、ゼウスはアキレウスの母神のテティスを、オリュンポスに呼び寄せました。そして「ヘクトルの遺体に対するアキレウスの行き過ぎた所業が、神々のひんしゅくをかっているので、プリアモスから代償に十分な贈りものを受け取った上で、遺体はトロヤに返してやるように」という、ゼウスからの命令をアキレウスに伝えさせました。その一方でゼウスは、虹の女神のイリスをプリアモス王のもとに派遣して、次のようなお告げを彼に伝えさせました。

ゼウス様はあなたに、ヘクトルの死体を返してもらうために、たくさんの贈りものを持って、自分でアキレウスの陣屋に行けと、お命じになっておいでです。お供はただ贈りものを運ぶ車の御者をする家来一人しか、連れて行ってはなりません。でも恐れることはないのです。ゼウス様があなたのために、道案内をする神のヘルメス様を遣わしてくださいます。そしてこの神があなたをアキレウスのところまで安全に導いてくださるからです。

このお告げを聞くとプリアモス王は、すぐに荷車にたくさんの財宝を積ませました。お妃のヘカベが驚いて、懸命に止めようとするのを聞かずに、その車の御者をする家来一人だけを連れ、自分は一人だけ別の馬車に乗って、護衛もつれずにギリシア軍の陣営に向かって行ったのです。途中まで行ったところで日が暮れると、そこにヘルメスが、アキレウスの部下のミュルミドンの姿になってやって来て、プリアモスの馬車に乗りこみ、御者の役をして、彼をアキレウスの陣屋まで連れて行ってやりました。そして着いたところで、プリアモスに自分の正体を知らせ、オリュンポスに帰って行ったのです。
陣屋の中にはアキレウスが、二人の家来の武将たちにつき添われて座っていました。プリアモスはそれでその側に行き、両手でアキレウスの膝に取りすがりました。そして大勢の自分の息子たちを無慈悲に殺した彼の手に接吻しながら、とつぜん自分の前に敵の王が現れたのを見て、その無謀な勇気に驚いてあきれているアキレウスに向かって、こう必死で嘆願したのです。

どうか故国であなたのお帰りを待ちわびていられるお父上のことを思い出され、私めを哀れとお思いになられてください。そして持ってまいりました財宝を、代わりに受け取られて、息子の死体を私めにお返しください。

これを聞いてアキレウスもいまはもう母神によって伝えられていたゼウスの命令に従って、ヘクトルの遺体をプリアモスに返してやらねばならぬことをさとりました。プリアモスが護衛もつれず、だれにも見とがめられずにここまで来られたということが、彼が神々の守護を受けていることの何よりも確かなしるしだと思われたからです。アキレウスはそれで家来に命じて、プリアモス王の荷車から財宝を下ろさせ、そのあとに腰元たちに洗わせ、香油を塗らせ衣服で包ませたヘクトルの死体を積ませました。
このようにしながらアキレウスはこのときプリアモス王に対して彼が感じずにいられなかった

真摯な同情心によってても、強く動かされていました、パトロクロスへの友愛の尋常でない深さからも分かるように、アキレウスは本来は、だれよりも深甚な情愛と思いやりの持ち主でした。それでこのときには彼は、かつては人間の身で不死の女神の絶世の美女を妻にするという、無上の悦楽まで味わったのに、いまでは一転して、たった一人だけの息子をじきに失って孤独になる悲運を避けられなくなっている自分の父親の境遇と思いあわせて、かつては富み栄え多くの息子たちに恵まれていた敵の王がいま陥っている不運に、心から憐憫の情を覚えずにいられなかったのです。

アキレウスは、ヘクトルの遺体を車に積ませたあとで、プリアモス王に優しく言葉をかけてやりながら、彼に食事をご馳走しました。そしてプリアモスにヘクトルの葬儀に何日もかけるつもりかとたずね、プリアモスが一一日かけたいと答えると、そのあいだはギリシア軍に休戦を守らせると約束しました。『イリアス』第二四歌の結末には、このあとヘクトルの遺体がプリアモスによってトロヤに持ち帰られ、そこでアキレウスによって約束された休戦の期間に、盛大な火葬にされ立派な墳丘に納められたことが簡潔に歌われて、このわれわれに残されている、最初のギリシア文学の作品は終わっています。だがその前に二四歌の六二九〜六三三行には、プリアモスとアキレウスが、アキレウスの陣屋で向かいあって食事を取り終えたときに、両者のあいだに感動的な心の通いあいがあったことが、こう歌われています。

このときプリアモスは、アキレウスをつくづくと眺めて、彼の堂々とした体躯が、さながら神々のようであることに感嘆しました。一方のアキレウスの方もプリアモスの気高い容姿に見入り、また声を聞いて、やはりほとほと感心しました。そして両者はこのとき六三三行によれば「おたがいを見つめあいながら、心に喜びを味わいあった（アウタル　エペイ　タルペサン　エス　アレルスホロオンテス）」というのです。

このようにまず自軍の総大将、そしてそのあとに敵の総指揮者の大勇士に対して、アキレウスが燃やした怒りの凄まじさが歌われたあとに『イリアス』の結尾に近いところでは一転して、この稀代の英雄と敵の老王とのあいだに、ほんの束のまだが確かに成立した感動的と言うほかない共感と心の通いあいが美しく描かれています。それでこの詩にはこうして、鬼神もしのぐ超絶の武勇が、味方も敵もまさに圧倒的に威圧して震え上がらせる一方で、信実な感動を呼び起こした、アキレウスというトロヤ戦争の紛う方ない花形だった理想の英雄の像が、見事に提示されることになったわけです。

アキレウスはこのように、押しも押されもせぬトロヤ戦争の花形でした。だがそれにもかかわらず彼はその武勇によって難攻不落だったトロヤを落城させて、一〇年続いたこの戦争を終わらせることはできませんでした。アキレウスはトロヤが壊滅するのを見届けることはできずに、自分の方が最期を遂げなければならなかったのです。

ヘクトルの葬儀を終えたあとのトロヤ人たちには、もう自分たちだけでギリシア軍とまともに戦う勇気はありませんでした。だがそこに世界の辺境や果てから、強力な援軍がやってきてトロヤ軍の先頭に立って戦い、一時はトロヤの敗勢を一挙に逆転してしまいそうになったのです。

最初に援軍に来たのは、いまのトルコの中央部あたりの僻地にいたアマゾンと呼ばれる女の戦士たちでした。このアマゾンたちは戦いの神アレスの子孫たちで、女王のペンテシレイアはアレスの娘でした。彼女たちは女と言っても、普通の男では太刀打ちできぬ一騎当千の勇士たちでした。女たちだけの種族だったのは、子どもが生まれると女の子だけを剽悍な戦士になるように育て、男の子はすべて捨て子にしてしまっていたからです。子どもの父親になるのは、近隣に住む種族の男たちでしたが、アマゾンたちは彼らと、春の決まった月に山の中で会い、犠牲をいっしょに捧げたあとに、暗闇の中で出会った者同士が抱きあって子どもを作ったと言われています。ギリシアやトロヤの大将たちが、二頭の馬に引かせる戦車に乗って戦ったのと違って、アマゾンたちは乗馬がとても上手で、騎馬で戦争をしました。

戦闘が始まると、ペンテシレイアは全軍の先頭に立って、槍と斧を武器にしてすばらしい武勇を発揮し、しまいにギリシア軍を船の近くまで追いつめ、いまにも船を燃やしてしまいそうになりました。ただこの日の戦闘にはこのときまで、アキレウスは参加していませんでした。彼は「ヘクトルのいないトロヤ軍との戦いに、自分が出て行く必要はないだろう」と思って、朝からパトロクロスの墓の側に倒れ伏して泣きながら、友の思い出にふけっていたからです。それでギリシア軍が船の近くまで追われて来て苦戦しているのに気づくと、彼は大急ぎで戦いに加わりました。そして勝ち誇っているペンテシレイアに一騎打ちを挑んで、彼女をたちまち乗っていた馬といっしょに、槍で串刺しにして殺してしまったのです。
それから敵の死体から武具をはぎ取ろうとして、まず兜を脱がせたところで、ペンテシレイアの女神のように気高く美しい顔が現れたのを見て、アキレウスは心のそこから感動せずにはいられませんでした。

こんなに気高く美しい乙女を、どうして自分は無残に殺してしまったのだろうか。彼女以上に自分の妻にするのにふさわしい乙女は、いなかったのに。

こう思ってアキレウスは、それ以上は武具をはぎ取らずに、ペンテシレイアの美貌を見つめながら、その上に熱い涙を流し続けたと言われています。

ペンテシレイアもこのようにして、たった一日だけ華々しい力戦をしたあと、アキレウスにあえなく討ち取られてしまい、今度こそいよいよ戦況が絶望的になったと思われたトロヤに、しばらくするとアマゾンたちよりももっと頼もしいと思われた援軍が、世界の果てからやって来ました。それは大地の東の果てにあるエティオピアという国から、黒い皮膚をした兵士たちの大軍を連れて加勢に来てくれた、メムノンという王様でした。このメムノン王は、曙の女神エオスの息子でしたが、父は人間でプリアモス王の長兄だったティトノスでした。絶世の美男子だったティトノスを、エオスがトロヤからさらって世界の東の果てに連れて行き、そこで愛人にして生んだ子が、メムノンだったのです。つまりメムノンは、プリアモス王の甥に当たっていたわけです。このように女神が母親だった上に、メムノンも技術の神ヘパイストスが作った武具を持っていました。それでメムノンは、アキレウスとあらゆる点で、絶好の好敵手だと思われたのです。

戦場に出るとメムノンは、トロヤ軍の先頭に立ち、当たるを幸い、敵を薙ぎ倒し、け散らして、ギリシア軍の心胆を寒からしめました。だが勢いに乗って老王ネストルの息子のアンティロコスを討ち取ると、そこでパトロクロスの亡きあとこの若武者を、ギリシア軍の他のだれよりもかわいがっていたアキレウスが、親友の仇を討とうとして猛然と彼に攻めかかってきて、両雄のあいだで壮絶な一騎打ちが始まりました。力がほとんど互角だったために、この戦いにはなかなか勝負がつかなかったのですが、そこでゼウスがまた例の黄金の秤を取り出して、一方の皿にアキレウスの運命を、もう一方の皿にメムノンの運命を置いて、高く持ち上げたのです。そうするとメムノンの運命を置いた皿の方がぐんと下がって、それで彼の命運が尽きたことがはっきり示され、そのとたんにアキレウスの剣が、メムノンの胸から背中まで突き通って彼を落命させたのです。だがそのあとメムノンの死体は、靄で包まれ見えなくなって、戦場からかき消されたようになくなってしまいました。

それはゼウスがエオスに、息子の遺体を攫って行って、手厚い弔いを受けさせることを許したからでした。遺体は死の神のタナトスと眠りの神のヒュプノスによって、マルマラ海に注ぐアイソポスという川の河口の近くまで運ばれました。エオスはまた自分の息子である風の神たちに命令して、エティオピア軍の兵士たちを、生きたまま戦場から攫って、その場所に連れて来させたのです。それでエティオピア人たちは、彼らの王がアキレウスによって討ち取られると、そのすぐあとに王と死体と共に、戦場にいるギリシア人とトロヤ人の前から、とつぜん消え失せてしまったのです。

戦場から攫われてきたエティオピア人たちは、運ばれてきた場所に立派な墓を築いて、王の遺体をそこに埋葬したあとに、エオスによって、メムノン鳥と呼ばれる鳥に似たまっ黒な鳥の群れに変えられました。この鳥たちはそれから年に一度、彼らの王の墓のところに集まって来ては、アイソポス川の水を汲んで来て墓を洗いきよめ、そのあと二手に分かれ激しい戦いをして、メムノン王の霊を慰め続けたと言われています。

彼らのために戦っていたメムノンがアキレウスに倒された上に、エティオピア人の軍勢がとつぜん目の前から消え失せたのを見て、トロヤ軍は恐怖で肝がつぶれ、先を争って逃げ出しました。アキレウスはギリシア軍の先頭に立って、猛烈な勢いで逃げて行く敵のあとを追いかけ、トロヤの主な城門のスカイア門を目がけて突進しました。彼が門の側まで来たとき、トロヤ兵たちはまだ開かれたままになっている門から町の中へ逃げこんでいる最中でした。それでアキレウスは、いまにも彼らを追って町の中に突入し、難攻不落を誇ってきたトロヤの城壁も、この日についに破られてしまうかと思われたのです。

だがそのときアポロンがオリュンポスから降りて来てパリスに近づき、アキレウスの体の唯一の弱点が足のかかとであることを彼に教えて、そこをねらって矢を射させたのです。そしてパリスが教わった通りに、アポロンの加護を祈りながら、アキレウスの急所に向けて矢を放つと、その矢をアポロンがまっすぐに運んで行って、アキレウスの体の中のそこだけが肉体のままである個所に、ぐさりと思い切り深く突き刺したのです。アキレウスもそれでこれにはたまらずに、猛烈な地響きを立てて地面に倒れました。そしてそのあと致命傷を受けて体が弱って行くのを感じながら矢を自分で抜き取り、大量の血を流しながらなお最後の力を振りしぼって立ち上がり、敵を何人か殺しましたが、そこで力が尽きて今度は本当に息が絶えて、また凄まじい地響きをたてて倒れました。こうしてアキレウスはその絶倫の武勇でトロヤを何度も敗戦の寸前まで追いつめながら、神によって築かれた城壁によって守られているこの町を、落城させることはついにできずに死んだのです。

第二部　オデュッセウスの知略と帰国の旅

1　トロヤを陥落させた木馬の計略

アキレウスがこのように、彼の武勇によってついに落城させることができなかったトロヤを、最後にギリシア軍が壊滅させたのは、オデュッセウスがその得意とするメティスによって考案した、まさに絶妙というほかなかった方策によってでした。それが有名な「トロヤの木馬」の計略です。

ギリシア軍の大将の一人にエペイオスという、武勇よりも、だれもかなう者のいなかった工作の腕前を自慢にしている人物がいました。オデュッセウスはこのエペイオスに、中に何人もの人が入れるように、胴体が空洞になっている巨大な木馬を作成するように指示をしました。そうするとその夜エペイオスの夢に、技術の女神でもあるアテナが出て来て、どうすればオデュッセウスが考えた木馬ができるかその作り方を、彼に細かいところまでていねいに教えてくれました。それでエペイオスは、翌日からさっそく人々を指揮し仕事に取りかかって、三日がかりで、いまにもいななきそうにまるで生きているように見える、実にみごとな堂々とした巨大な木馬を、女神とオデュッセウスの指示に従って作り上げたのです。木馬ができ上がると、あとに残って軍勢の指揮を取るアガメムノンとネストルを除く、ギリシア軍の他の大将たちは、すべて中に入って隠れ、最後にエペイオスが入ってはしごを中に引き上げ、出入り口のふたを閉めて内側からしっかりかんぬきをかけました。それからギリシア軍は陣営をすっかり焼き払い、木馬とそれにオデュッセウスの従兄弟のシノンという知恵者で弁舌がたくみな男一人だけを残し、全軍が船に乗りこんで、テネドスというトロヤの沖に浮かぶ島の影に行って隠れたのです。

翌朝トロヤ人たちは、昨日まで浜に並んでいるのが町からも見えていたギリシア軍の船が一隻もなくなり、陣営のあったあたりから火事のあとのような煙が上がっているのを見てびっくりしました。それでもなおギリシア軍を警戒し、トロヤ人たちは厳重に武装して浜に行ってみました。そうするとギリシア軍の陣地はすっかり焼かれ、船はどこにも見えず、ただ何とも不思議な巨大な木馬だけが置かれていたのです。トロヤ人たちは驚嘆して、そのまわりを取り囲み、「これはいったい、何だろうか」と言いあって、大騒ぎになりました。そうするとそこにシノンが、捕えられて引き立てられてたのです。

「いったいギリシア軍に何が起こり、木馬は何なのか」と尋ねられると、彼はオデュッセウスに言われていた通り、「ギリシア軍はトロヤの攻略をあきらめて帰国したので、木馬は彼らが、航海の安全をアテナ女神に祈り、作って捧げた聖像です。ですからこわしたり焼いたりすれば、神罰を免れられませんが、町に引き入れれば、トロヤにとって貴重な神宝になります」と答えました。そしてそれにつけ加えて、さらにこう言ったのです。

ギリシア軍は航海のために、だれかを犠牲に捧げねばならぬと言ったカルカスの託宣を信じて、私をその犠牲に選び、祭壇の上で殺そうとしました。だが私は、夜の闇と出発の準備のどさくさにまぎれて、やっとの思いで逃げることができました。ですから私はギリシア人ではありますが、ギリシア軍を自分の敵とみなしており、あなた方の味方です。だからどうか私の申すことを信じて、この尊い神宝である木馬を、戦利品として町に入れて、トロヤの宝になさってください。

このシノンの作り話は、いかにも本当らしく聞こえました。それで大部分のトロヤ人たちは、ギリシア軍が本当に町の攻略をあきらめて逃げ帰ったと信じ、大喜びして「木馬をすぐ、町に引いて帰ろう」と叫んだのです。だが中にはまだ、こんなに簡単に勝利が得られたとは信じられずに、ギリシア軍に何か計略があるのではないかと疑っている人々もあり、その中でももっとも強硬だったのは、ラオコオンという名前の祭司でした。

あなたがたはギリシア軍に、あの狡猾なオデュッセウスがいることを忘れたのか。木馬にはきっと何かあの男の悪だくみが隠されている。町に入れるなどとんでもないことで、ここですぐに焼いてしまわねばならない。

こう言うと彼は、側にいた者の持っていた槍を取り、木馬の腹に投げつけました。そうすると木馬は、中が空洞であるような音を立てたので、かなりの数の人々が、ラオコオンの言うことが正しいのではないかと思いかけたのです。

ところがそのとき、恐ろしいことが起こりました。テネドス島の方角からとつぜん、二頭の大蛇が海の上を泳いでやって来たのです。そして浜に上がるとあっというまに、そこにいたラオコオンの二人の息子に巻きついたのです。ラオコオンはあわてて二人の息子を助けようとしましたが、彼もたちまち蛇に巻きつかれ、悲鳴をあげてもだえ苦しみながら、子どもたちといっしょに絞め殺されてしまったのです。これを見てトロヤ人たちは、恐怖に震えながらこう叫びました。

捕虜にしたギリシア人が言ったことは、やはり本当だったのだ。木馬に害を加えようとしたラオコオンは、たちまち恐ろしい神罰を受けた。われわれは戦いに勝ったのだ。すぐに木馬を引いて帰って、町の宝物にしよう。

トロヤ人たちはそれから、木馬に綱をかけ、エペイオスの細工によって足の下に車輪のついていたその木馬を、大勢で力を合わせて町に引いて帰りました。町に着くと女たちが、喜びの歌を唄いながら、花輪を木馬に投げかけ、人々の頭も花の冠で飾りました。そして木馬を、王宮の前の広場に置いたのです。それからトロヤ人たちは、勝利を感謝して町のすべての神殿で、神々に犠牲を捧げました。そしてそのあとはもう喜びで手の舞い足の踏むところを知らず、町中でにぎやかな祝宴を開いて、飲んだり食べたり歌ったり踊ったり、狂ったようにどんちゃん騒ぎをしました。そして夜になるとみんな泥酔して綿のように疲れ、見張りも立てずに眠りこんでしまったのです。これを見たシノンは、城壁に上がりたいまつを振って、すでにテネドス島を出てトロヤの近くまで戻って来ていた味方の軍勢を町に呼び寄せました。それから彼は、木馬のところに行って、中にいる英雄たちに、打ちあわせてあった通りの合図をしました。それでエペイオスが閉めてあったふたを開け、はしごを下ろすと、英雄たちはオデュッセウスを先頭にして、次々に木馬の中から降りて来ました。それから彼らは二手に分かれ、ある者たちは城門に行ってトロヤ人を町から逃さぬように固めると同時に、扉を開けて味方の軍勢を引き入れ、他の者たちは眠っているトロヤ人の男たちを、かたはしから殺しにかかったのです。またたくまに多くのトロヤ人が、眠ったまま何が起こったのか分からぬうちに殺されてしまいました。この騒ぎで目を覚ました者も、大部分は武装するひまもなく、ほとんど抵抗もできずに殺されました。

ギリシア軍は、敵の男は赤ん坊でも容赦しませんでした。中でも特にあわれをきわめたのは、ヘクトルの息子のアステュアナクスでした。アステュアナクスの母であるアンドロマケはこの赤子を、しっかり腕に抱きしめたまま、ギリシア軍の捕虜になりました。だが、オデュッセウスがこの子を、必死で慈悲を哀願する母親からむりやり奪って、城壁から投げ落として虐殺してしまったのです。

こうして男を殺し、女は捕虜にし、取れるだけの財宝を奪い取ったあと、ギリシア軍は町に火をつけ、トロヤを神殿まですっかり焼き払いました。そしてそれから彼らは、捕虜にした女たちと掠奪した財宝を分けあって、帰国の途に就いたのですが、帰路に着いた大将たちは大部分が、順調には故国に帰れませんでした。それはトロヤを攻め落とした夜に彼らがしたひどい乱暴が、神々を怒らせたためでした。

トロヤ戦争のあとギリシアに帰ろうとした英雄たちの中で、もっとも不思議な体験をしたのは、オデュッセウスでした。彼はトロヤを出てから故国のイタカに帰りつくまで、なんと一〇年もかかったのです。その長いあいだに彼がどのようにして、得意とするメティスを鮮やかに駆使し続けながら、次々に降りかかってくる危難を、ものの見事に乗り切ったのか。そしてその最後にやっと、庇護者であるアテナ女神の手厚い加護をまた受けられるようになって、いかにして故国についに帰りついたのか。そしてそこで大勢の求婚者たちに言い寄られ苦しめられながら、固く貞操を守って彼の帰りを待ち続けていた、妃のペネロペとイタカの王位を、アテナに助けられてメティスを絶妙に働かせながら、どうやって自分の手に取り戻したか。『オデュッセイア』には、そのあいだのオデュッセウスの数奇きわまりない冒険の話が、詳しく物語られています。

オデュッセウスといっしょにトロヤを出発したギリシア軍の船隊は、海でたちまち激しい嵐に襲われました。多くの船が沈没する中を、オデュッセウスの率いる一二隻の船は、風に吹き流され本隊から離れ、トラキアのヘブロス川の河畔のキコネス人の国に流れつきました。そこで上陸してイスマロスという町を攻略して多くの住民たちを殺し、捕獲した女たちや財物を、みんなで分けあったのです。このときにオデュッセウスは、町の近くの神聖な森に住んでいたマロンという祭司とその家族の者たちを、彼らがその森に祀っていたアポロンに対する崇敬心から、危害を加えずに保護してやりました。マロンはそれでそのことを感謝してオデュッセウスに、いろいろな贈りものをしたのですが、その中にとりわけ一二の酒甕に詰められた世にも稀な珍品のブドウ酒がありました。それは飲むときに二〇倍の水で割ると、たちまちえも言われぬ甘美な香りが漂い、だれもが夢中で賞味せずにいられなくなる、飛び切り上等の美酒だったのです。オデュッセウスはその美酒の甕を、船に大切に積みこみました。

イスマロスを攻略し掠奪したあと、オデュッセウスは一同にすぐまた船に乗って、その土地から離れるように指示しました。だが彼の部下たちはその指令に従わずに、そのままそこに残って勝利を祝う宴会を開き、さんざん飲み食いをして夜を過ごしたのです。夜が明けると、町から逃げた者たちによって敵が来襲したことを知らされた、奥地に住むキコネス人らが大挙して攻めて来て激しい戦いになりました。オデュッセウスの一行は日中のあいだは何とか敵の攻撃に対抗していましたが、夕方には圧倒的に数に勝る相手に完全に撃破されて、何人もの戦死者を残して辛うじてまた船に乗り、海上に脱出したのです。

そうするとたちまち激しい嵐が吹き荒れて船は航海が続けられなくなり、帆を降ろし漕いでやっとの思いで陸地にたどり着きました。そしてそこで二日二晩を過ごしたあと、三日目の朝になると強風がいったんおさまったので、帆をまた揚げて海に出たのです。しかし航海の難所である、ペロポネソス半島の東南端のマレア岬を迂回しているときにまた凄まじい嵐が起こって、マレア岬の西南に浮かぶキュテラ島を過ぎたあたりから船は通常の航路からまったくそれてしまって、未知の世界に入りこみ、船を操る先もまったく分からなくなって、風に吹き流されるままで何もせずに漂流することしかできなくなったのです。

　そしてそれから九日間そのようにして、風まかせのあてどない漂流を続けた末に、一〇日目にやっと嵐がおさまって、どことも分からぬ未知の陸地にたどり着き、そこに上陸しました。このときオデュッセウスの一行は、ギリシア人がとうぜん人間がみなそうであると考えていた「パンを食べる人間たち（アネレス　シトン　エドンテス）」が住む、この世界の外の別世界に入りこんでしまっていたのです。それでオデュッセウスは、この土地にパンを食べる人間のどのような種族がいるのか調べてくるように命じて、三人の部下を派遣したのですが、この国の住人のロトパゴイ人は、パンではなくロトスという植物の実を食べて生きている人々でした。彼らは外からやって来る者に対してまったく何の敵意も持たず、自分たちの食べているロトスを気前よく分けて食べさせてくれるのですが、世にも美味なそのロトスを口にする者はだれでも、それまでの自分についての記憶をすっかりなくしてしまって、自分がだれでどこから来てどこへ行こうとしているのかが何も分からなくなり、ただこの国に住んでロトスの実を賞味し続けたいとしか思わなくなるのでした。オデュッセウスはそれで、派遣した者たちがロトスを食べ、帰国のことを何も考えなくなって、いつまでもここにとどまりたいと言って泣き叫ぶのを、無理に捕えて船に連れ帰って、縛り上げて甲板の下に閉じこめました。そして他の者たちがロトスを食べて、帰国を忘れることがないように、大急ぎでみなを船に乗り組ませて出航させたのです。

2　機知による一つ目の巨人キュクロプスからの脱出

ロトパゴイ人の土地から出て、やがて日が暮れるとあたりには深い靄が立ちこめて、月の光も雲にさえぎられて射さぬ漆黒の闇となりました。不思議なことに、船は何も見えぬ中を、漕ぐ者がだれもいないのにまるで何かに導かれるようにして進んで行き、とある陸地に乗り上げたのです。それで着いたところの様子が何も見えぬまま、一同はそこで船から降りて浜辺で眠りについたのですが、夜明けに目が覚めて見ると、そこは森林に覆われて野生の山羊が無数に棲息している平坦な島でした。

一行はそれでさっそく狩りをして、捕った山羊の肉を食べ船にまだふんだんに残っていた酒を飲んでその日を過ごしたあと、翌朝になるとオデュッセウスはみなを集め、自分はこの島の対岸の土地に住んでいるのが何者であるのか調べてくるのでそのあいだそこで待っているように言って、他の船の者たちを残し、自分は部下たちと共に船に乗って対岸に渡ってみました。そうするとそこに、だれかよほど図体の巨大な者が住んでいるらしい大きな洞窟があったので、他の者たちには船を見張っているようにと言ってそこに残し、自分は一二人の屈強な部下を連れてその洞窟に行き、中に入ってみました。そのとき彼はイスマロスでマロンから貰った極上の美酒を、山羊皮の皮袋に入れて持って行きました。

洞窟の中にはあるじはおらず、チーズのいっぱい入った籠が並び、囲いが設けてあってそこに子羊と子山羊がひしめいており、あるじが乳を搾った容器には、まだ乳がいっぱい溢れていました。部下たちはこれを見て、急いでチーズを手に入れ、子羊と子山羊を船に曳いて行って、さっさとそこから引き上げようと言ったのですが、オデュッセウスは洞のあるじが何者なのか知りたいと思って、彼らの言うことを聞かずに、一同とチーズを食べながらその者が帰ってくるのを待っていました。

そうすると洞のあるじはやがて、草を食べさせに連れて行っていた羊と山羊を伴って帰ってきて、担いできた山のように大量の薪を、凄まじい地響きをたてて洞の中に投げこみました。見るとそれは、パンを食べて生きている人間とは似ても似つかない、額のまん中に丸い目が一つだけあって、雲を突くような図体をした、なんとも恐ろしい姿をした怪物の巨人でした。一同はそれで怖さに震え上がって、洞窟の隅に身を隠しました。

その巨人は連れてきた羊と山羊のうちの牝だけを洞の中に入れ、牡の羊と山羊は洞の外にある柵の中に入らせてから、そのあと二〇台余の荷車を使っても動かすのが難しいと思われるほど巨大な岩を軽々と持ち上げて、それで洞の口を塞ぎました。それから牝の羊と山羊の乳房に子羊と子山羊をあてがって乳を飲ませてやり、また乳を搾ってその半分を、凝固させてチーズにするために籠に入れ、残りの半分は自分の飲料にするため容器に納めました。そしてそのあと食事のために火を起こしたところで、震えながら身を潜めている者たちの姿に気がついて、われ鐘のような大声で、「お前たちはいったい何者で、どこから来たのだ」と尋ねたのです。

それで一同が恐怖にとりつかれ、声も出せずに震えている中で、オデュッセウスだけは勇気を失わずに、「自分たちはトロヤを攻め亡ぼして名声を天下に轟かせた、アガメムノンの麾下のギリシア人たちで、帰国の途中にこの土地にたどり着いた者たちだ」と返答しました。そして「どうか客人の守り神であるゼウスを尊んで、自分たちを客として扱って、親切なもてなしをしてもらいたい」と、頼んだのです。そうすると相手は、「自分たちここに住んでいる一つ目の巨人のキュクロプス（円目）たちは、神々のことなど何とも思っていないので、ゼウスを憚って客だと言ってやってくる者に手加減をするようなことはしない」と言ったあとに、「お前たちがここに来るのに使った船は、どこに泊めてあるのか」と尋ねたので、オデュッセウスはとっさに嘘をついて、「自分たちが乗ってきた船は、ポセイドンによってこの国の近くの岩礁に叩きつけられて粉々にされてしまい、自分たちは船をなくして命からがらここに流れ着いたのだ」と答えました。そうすると相手は何も言わずにせせら笑って、やにわにオデュッセウスの部下の二人を、子犬を捕えるようにして掴むと、地面に叩きつけ潰してむしゃむしゃと貪り食い、肉も臓物も髄の入った骨もすっかり平らげてしまいました。そして乳をがぶがぶと飲んでから、手足を長々と伸ばして眠ってしまったのです。

オデュッセウスはそこでいったんは、剣をこの巨人の急所に突き立てて殺そうかと思案したのですが、そうすると自分たちには巨人が洞の口を塞いだ大岩を動かす力がないので外に出ることができず、洞の中でこのまま死んでしまわねばならぬことに気づき、殺すのを思いとどまって夜明けを待つよりしかたなかったのです。朝になると巨人は、羊と山羊の乳を搾り子羊と子山羊を親の乳房にあてがって乳を飲ませるなどしてから、また二人のオデュッセウスの部下を捕まえて、前と同じようにしてがつがつと貪り食いました。それから洞の口の大岩を軽々と取り除けて羊と山羊を外に出し、そのあとまた洞の口を大岩で塞いでから、口笛を鳴らし羊と山羊を追いながら行ってしまったのです。

オデュッセウスは、どうすればこの残忍な相手に手痛い仕返しをすることができるかと思案しながら洞の中を見まわすと、巨人が自分の使う杖にしようと伐り出して持ち帰ってきたと思われる、大型の船の帆柱ほどの長さと太さのある、オリーヴの巨木の丸太が転がっているのが見つかりました。それでその木を使って、キュクロプスの一つしかない目を潰してやろうと思いつき、丸太の先端を削って鋭く尖らせ、火で焙って固くしました。そしてそれを洞の中に堆く積もっている獣糞の山の中に、隠しておいたのです。それからくじを引かせて四人の部下を選び、自分を加えて五人で、巨人がこんど眠りこんだところで、その丸太を目に突き立てる相談をして、巨人の帰りを待ち受けたのです。
夕暮れになると巨人は帰って来て、この日は連れ帰った羊と山羊を、牡も外の囲いの中に残しておかずに、すっかり洞の中に入れてから、また洞の口を巨岩で塞ぐと、羊と山羊の乳を搾り、子羊と子山羊を親の乳房に当てがってやってから、また二人のオデュッセウスの部下をつまみ上げて、夕食に貪り食おうとしました。オデュッセウスはそれで船から持ってきていた、マロンに貰った霊妙な美酒を注いだ碗を持って巨人の側に行き、「人間の肉を食うのなら、いっしょにこのえも言われず美味な酒を、賞味してみるがよい」と言って渡してやったのです。そうすると巨人はその碗を受け取って飲み干し、そのなんとも甘美きわまりない味にそそられて、「もっとくれ」と言って所望し、オデュッセウスに「お前の名はなんというのだ。教えてくれれば私もお前に、贈りものをやろう」と言ったのです。オデュッセウスはそれで酒を与えると、キュクロプスはそれを一気に飲み干し、すっかり酩酊して朦朧となった様子に見えたので、オデュッセウスはこう言いました。

キュクロプスよ、あなたは私の名前を知りたいと言われるので、お教えしよう。その代わりにあなたからもどうか私に、贈りものを頂きたい。私の名は、ウティス（ギリシア語で「だれでもない」という意味の語）という。父からも母からも仲間の者たちからも私はウティスと呼ばれている。

そうすると巨人は、「そうか。ではお前は他の者たちを食ったあとで、最後に食ってやることにする。これが私から、お前への贈りものだ」と言ってから、その場に仰向けに倒れ、そのまま前後不覚に眠りこんでしまいました。オデュッセウスはそれで仲間たちを励ましてオリーヴの丸太を火に突っこみ、先端がまっ赤に焼けたのを見計らって、四人の部下が力を合わせて、巨人の一つしかない目に力いっぱい突き立てると、オデュッセウスが上からのしかかって、丸太を巨人の目の中でぐるぐると回転させたのです。巨人はたちまち身の毛もよだつ恐ろしい悲鳴をあげてとび起き、猛り狂って丸太を目から抜き取って投げ放ちました。そしてあらん限りの凄まじい大声を張り上げて、付近の洞窟にそれぞれが別々に暮らしているキュクロプスたちに、助けを求めて呼びかけたのです。

それでキュクロプスたちは、それぞれが離れて生活をしている住居を出てそこに集まって来て、洞の中にいる同類の巨人をポリュペモスという名で呼んで、彼にこう訊ねました。

ポリュペモスよ、いったいどういうひどい目にあって、神聖な夜にそんなけたたましい大声をあげて、われわれの眠りを妨げるのだ。人間のだれかが、お前の羊と山羊をむりに連れ去るのか。それともだれかが、お前を暴力でか悪だくみで、殺すとでも言うのか。

そうするとポリュペモスは、洞の中から悲痛な声をはりあげて、「ウティスが俺を、悪だくみにかけて殺そうとしているのだ（ウティス　メクティイネ　ドロー）」と絶叫したのです。そうすると洞の外でこの叫びを聞いたキュクロプスたちは、「そこで一人でいるお前に害を加えている者がだれもいないのなら、お前がそんなひどい目にあっているのは病気のせいだろう。大神ゼウスから送られてくる病気は逃れる術がないので、お前が自分の父だと言っているポセイドンに、助けを祈るよりほかしかたがないのではないか」と言って、みんな引き上げて行ってしまいました。つまりポリュペモスが「ウティスが俺を殺そうとしている（ウティス　メ　クティイネ）」と叫ぶのを聞いて、集まったキュクロプスたちはそれをとうぜん、「俺を殺そうとしている者が、ウティスだ、つまりだれもいない」という意味に理解しました。それで彼らはポリュペモスに、「もしお前に害を加えようとしている者がだれもいないのなら（エイ　メン　デ　メティス　セ　ビアゼダイ）」、自分たちにはどうすることもできないと言ったとされているわけです。

ところがキュクロプスたちはこのとき「お前に害を加えている者がだれもいない（メティス　セ　ビアゼダイ）」と言いながら、ポリュペモスが「俺を殺そうとしている者がウティスだ」と言った中で使った語のウティスを、「ウ」を同じ否定辞の「メ」に変えた同意語を使って「メティス」と言い変えたわけですが、メティスは普通名詞としては、オデュッセウスがもっとも得意にしていて、彼がまさしくその化身であると言える、「企み、術策、奸計、悪だくみ」を意味します。つまりキュクロプスたちは、「メティス　セ　ビアゼタイ」と言うことでポリュペモスに「お前を害している者がだれもいない」と言いながら、それと同時に自分たちではそのことに気がつかずに、「ポリュペモスを害しているのが、オデュッセウスがその化身であるメティスにほかならない」という、洞の中で現に起こっている出来事の真相を、その通りにはっきりと言表したことになっているわけです。そしてそのあとにオデュッセウスは、その彼が自分の正体であることを暗に宣言したメティスを駆使して、ポリュペモスを思うさまに痛めつけました。そしてその上で洞からの脱出も、これから見るようにやはりメティスを、絶妙なやり方で存分に働かせて、もののみごとに果たしたとされているわけです。

オデュッセウスは、羊の中の大柄でたくましい牡を選んで、ポリュペモスが捩り合わせて寝床にしていた藤蔓を使って、三頭ずつ横に並べて縛りました。それからまん中の羊の腹の下に、生き残っていた部下を一人ずつ、縛りつけて隠しました。こうすることで彼は、まん中の羊が人を運んでいるのを、両側の羊がかばって見えなくするようにしくんだわけです。そうしておいてオデュッセウス自身はすべての羊の中でもっとも大きくて頑丈だった、群れのリーダーの牡羊の腹の下に潜りこんで、その羊の房毛をしっかりとつかんでしがみつきました。

ポリュペモスは目の猛烈な痛みに苦しみ呻きながら、羊の群れにまぎれて洞から出て行こうとする者があれば逃さず捕えようとして洞の口に座りこみ、自分の前を通る羊の背を、隠れている者がいないか一頭ずつ丹念にまさぐっていましたが、羊の腹の下にオデュッセウスの部下たちが縛りつけられているのには気づきませんでした。そして最後にオデュッセウスが腹にしがみついている牡羊が通ると、そのお気に入りの羊をとくべつ念入りに撫でてやりながら、「お前はいつも群れの先頭に立ってまっ先に岩屋から出て行くのに、今日は最後に出て行くのはなぜか。俺の目をあのウティスめが、こんな無残に潰したのを、お前も悲しんでくれているのか」と言いながら、外へ出て行かせました。

オデュッセウスはそれで、羊たちが岩屋から離れたところで、自分がまずしがみついていた牡羊の腹から降り、そのあとで部下たちを、それぞれが縛りつけられていた羊から解き放ってやりました。それから一同は、大急ぎで船を待たせておいた場所に行き、死を免れて戻ってきた彼らを、死んだ仲間たちのことを嘆きながら、喜んで迎えてくれた待っていた部下たちと共に船に乗りこみ、連れてきた羊も船に載せて海に漕ぎ出したのです。

声をあげればまだ聞こえる程度、岸から離れたところで、オデュッセウスはポリュペモスに大声で呼びかけました。そして自分がこの怪物の言語を絶する暴虐から、メティスの力でまんまと脱出したことを知らせて、彼をさんざんに揶揄し、彼の悪行を口をきわめて罵ったのです。そうするとポリュペモスは、それを聞いてたちまち怒り狂って、手近な山の頂きから巨大な岩塊をもぎ取って、声の聞こえてくる方向に、力いっぱい投げつけました。その岩はそれで船の上を越えて、前方の海中に落下し、そこに陸に向かって逆流する大波が起こり、船は岸に運ばれて行って、浜に打ち上げられそうになりました。オデュッセウスはそれで部下たちに全力で船を漕がせて、やっとまた沖に出たのですが、さっきより二倍の距離ほど陸地から離れると、部下たちが止めるのを聞かずにまた大声を張りあげて、ポリュペモスに向かって、「もしだれかからお前の目が、そんなにぶざまに潰れているわけを尋ねられることがあれば、これは城取りの名人として名高い、イタカに住むラエルテスの息子オデュッセウスの仕業だと言うがよい」と言ったのです。

そうするとこれを聞いてポリュペモスは、いかにも無念でたまらない様子で、悲痛な呻き声をあげて、こう絶叫しました。

ああ、それでは前から聞いていたあの予言が、本当に俺の身に起こったのか。以前にテレモスという年老いた予言者がこの土地にいて、俺がオデュッセウスという奴の手にかかって、視力を失うことが、いつか必ず起こると話してくれていたのだが。俺はそれでてっきり、オデュッセウスという力持ちで図抜けて丈の高い偉丈夫が、いつか俺に害を加えにやって来ると思って待ち受けていたのだが。そのオデュッセウスがなんと、こんな力のないちっぽけで、吹けば飛ぶような男だったとは。

それからポリュペモスは両手を高く天にさし上げて、父であるポセイドンに、こう言って祈願しました。

大地を囲む海洋の支配者であられるポセイドン様、もしもこの私めがあなた様の息子であり、あなた様がこの私めの父であられるのなら、どうかラエルテスの息子のいまいましいオデュッセウスが、故国に帰りつくことがないようになさってください。ただもしもしまいには帰国することが、彼に運命として決まってしまっているのであれば、せめてその帰国をできるだけ遅らせて、彼をありとあらゆる危難にあわせ、そのあいだに部下も船もすべて失った上で、最後には一人だけ他国の船に乗せられ、惨めきわまりない姿になって、やっと家に帰り、そこでまた多くの苦難にあうようになさってください。

そうするとポセイドンは、この息子の願いを聞き入れたので、オデュッセウスはこのあと一〇年にわたって、イタカに帰りつくことができずに冒険の旅を続け、そのあいだに部下も船もすべて失ってたった一人になり、最後には乞食の姿で家に帰り、そこでまた彼の帰りを待っていた妃のペネロペとイタカの王位を自分の手に取り戻すために、非常な苦労をせねばならぬことになったのです。

このあとポリュペモスは、前に投げたよりさらに大きな岩塊を、オデュッセウスの声が聞こえている方角を目がけて、途方もない力で投げつけました。だがその岩は今度は、船の前方ではなく後方の海中に落下しました。それで湧き起こった大波によって、船は陸からいっそう遠く離れた沖に運ばれました。オデュッセウスの一行はそれでそのまま海を渡って、隣りの島の他の船を待たせておいた場所に行き着くことができました。そしてそこで彼らの帰りを待っていた部下たちと、ポリュペモスから奪ってきた羊を分けあって、ふんだんな肉と美酒の食事を楽しんでから一夜を過ごしたあとに、翌朝またそこから出航したのです。

3　風神アイオロスと女神キルケの島での滞在

こうしてキュクロプスたちの住む土地を離れたあとに、オデュッセウスの一行は、ゼウスから世界に吹く風の支配を任されているアイオロスという風の神が住んでいる、アイオリア島という浮き島に立ち寄りました。この島は周囲を青銅の城壁で取り巻かれ、アイオロスはそこに立派な館を構えて、妻と、たがいに近親結婚をしている六人ずつの息子たちと娘たちといっしょに住み、山海の珍味がふんだんに供せられる、贅沢な宴会に耽って日を送っていました。

オデュッセウスの一行は、そこで一月のあいだ歓待を受け、そのあいだ外の世界で起こっている出来事のことを何も知らないアイオロスはオデュッセウスから、トロヤ戦争の話を詳しく聞かせてもらって、たいそう喜びました。それでまる一か月が経ったところでオデュッセウスが、そこを出立して帰国したいと願うと、アイオロスは心よく承知をして他の風をすべて中に封じこめた牛の皮で作った袋を、船に銀の針金でしっかり縛りつけてくれました。そして航海のあいだ、イタカに向かう西風だけが吹くようにして、故国に着くまでその革袋の口をけっして開かないようにくれぐれも言い聞かせて、オデュッセウスらを出航させてくれたのです。一行はそれで九日のあいだ順調な船旅を続け、一〇日目にはもうそこで火を燃やしている人々の姿が見えるほど、イタカ島のすぐ側まで接近しました。そうするとそのとき、それまで旅のあいだ一睡もせずに船の舵を握り続けていたオデュッセウスは、ほっと安心したとたんに疲労困憊しきって、眠りのとりこにされてしまったのです。それで主人が眠りこんでいるすきに、彼の部下たちは、アイオロスがけっして開かないように、あれほど念入りに注意して船に縛りつけてくれたあの革袋の中には、風の神からオデュッセウスに贈られた、どんなすばらしい宝物が入っているのか見てみようと言いあって、袋の口をほどいてしまったのです。そうするとそこからたちまち、あらゆる方角に吹き荒ぶ風がいっせいに飛び出し、船は凄まじい逆風に送られて、またアイオリア島に吹き戻されてしまいました。

オデュッセウスはそれでしかたなく、家族といっしょに食事を楽しんでいるアイオロスのもとに行って、自分の身に起こったことを説明して、どうかもう一度また前と同じようにして、自分たちを帰国させてくれるように哀願しました。そうするとアイオロスは彼の話を聞いて唖然としてオデュッセウスをつくづくと眺めて、「順調に帰国できるように、風の神の私があれほど心配りをして送り出してやったのに、故国に行き着けなかったとはあなたは、よくよく神々に憎まれている、世にも忌まわしいお人だ」と、言ったのです。そして「そんな神々にうとんぜられているお人の世話を、これ以上することなど、私にはできないのでいますぐこの島から出て行ってもらいたい」と言って、オデュッセウスの一行をにべもなくアイオリア島から追い払ったのです。

アイオロスからこのような以前とは打って変わった、けんもほろろな応対を受けて、この風神の島をしかたなく出立したあと、オデュッセウスの一行は、六日のあいだ船を止めて休む陸地が見つけられずに、昼も夜もなく海の上を進んで、七日目にライストリュゴネス人の住む国に着きました。そこには両側に岬が突き出し、その中が自然の防波堤になっている岩壁に囲まれ、天然の良港になっている入江があったので、他の船はみなその奥にたがいに船体を接して停泊しましたが、オデュッセウスだけは、危険な目にあったときにすぐそこから脱出できるように用心して、自分の船を他の船から離して、入江の一方の岬の端のところに泊めました。そしてそのあと三人の部下を、この国でパンを食べて住んでいるのがどんな人間か調べてくるように命じて、土地の様子を探りに派遣したのです。

彼らはライストリュゴネス人の都のテレピュロスという町の近くまで行ったところで、付近にある泉に水を汲みに来た、巨人のような大女の乙女に会い、この国を支配している王はだれかと尋ねました。すると彼女は、それは自分の父のアンティパテスだと言って、彼らをそのアンティパテス王の住む広壮な館に案内しました。そこには王妃がおり、彼らがその体躯の大きさに驚いていると、彼女はそこに自分よりさらに巨大な夫の王を呼び、そのアンティパテスはやって来るなり、三人のオデュッセウスの部下の一人を捕まえて、やにわにむしゃむしゃと食べてしまいました。残った二人はそれであわてて飛び上がって、一目散に船に逃げ帰りました。

そうすると王が、町中に響きわたる大音声をあげて呼ばわり、それを聞いて雲をつくようなライストリュゴネス人たちがたちまち方々から、一行の船を止めてあった場所に集まってきました。そしていっせいに巨岩を投げつけて船を破壊し、乗っていた者たちが海に落ちたところを、まるで魚を捕るように手当り次第に串刺しにして、食糧として家に持って帰ったのです。ただこの阿鼻叫喚の地獄図が展開している中でオデュッセウスは、一隻だけ他の船と離して入江の入り口のところに止めてあった自分の船に乗員たちと共に大急ぎで乗りこみ、みなを督励し死に物狂いで沖に漕ぎ出させて、命からがらそこから逃げ出すことができたのです。だが他の船とそれに乗っていた者たちはすべて、そこで惨めきわまりない破滅を遂げてしまいました。

こうしてただ一隻だけになってしまったオデュッセウスの船は、そこから海を進んで行くうちに、だれとも分からぬ神に導かれて、太陽神ヘリオスの娘のキルケという女神が住む、アイアイア島に着き、停泊するのに格好な入江を見つけて船を止め上陸しました。一行はすっかり疲れ切って、二日間はそこに死んだように横になっていましたが、三日目の朝にオデュッセウスは一人で船の側から離れ、見晴らしのきく高い場所に登って見渡すと、木立の向こうに煙が立ち昇っているのが見えました。そこで彼は、いったん船のところに引き返し部下たちに食事をさせてから、そのことをみんなに話してだれかをその場所に何があるか探索に行かせようと思案し、戻って行く途中で一頭の大鹿を見つけて槍で仕留めました。そしてこの見事な獲物を肩に担ぎ、槍を杖にして持ち帰ってから、その鹿の肉とまだ船に積んであった酒で、みなに腹いっぱい食事をさせてから眠らせ、朝になったところでそこが海に取り巻かれた島で、その中央から煙が立ち昇っているのが見えることを話しました。そして全員を二組に分け、どちらか一方の組が、そこに何があるか様子を見に行くことにしようと相談して、一方の組はオデュッセウス自身が指揮を取り、もう一方の組はエウリュロコスという家来に指揮を取らせることにしました。そしてくじを引くと、エウリュロコスの方が当たりくじを引いたので、エウリュロコスが二二人の部下を連れて、煙の上がっている場所に行ってみることになりました。

行ってみるとそこには、磨かれた石で築かれたキルケの立派な館があり、そのまわりには沢山の狼やライオンがいました。ところがその猛獣たちは、人間に襲い掛かるどころか、まるで飼い犬のように尾を振って一行にじゃれかかって、彼らを薄気味悪がらせました。戸口に立つと中から、キルケが機を織りながら美しい声で歌を唄っているのが聞こえてきました。それで声をあげて案内を乞うと、女神は出て来て一同を愛想よく中へ招き入れました。それでみなは館の中に入ったのですが、エウリュロコス一人だけは、何か企みがあるのではないかと用心して外に残っていました。

そうするとキルケは招き入れた者たちを席につかせると、彼らにさも美味しそうに見える飲みものを勧めましたが、その中には飲んだ者にたちまち過去のことを忘れさせる魔法の秘薬が混ぜられていました。それでそれを飲み干すやいなや、彼らは自分が人間であることも忘れてしまって、キルケが手に持っていた杖で叩くと、顔つきも声も姿も完全に豚に変わってしまいました。

ただ彼らは帰国のことはすっかり忘れ、外見はまったく豚になりましたが、彼らがここに来たときに会った、もとは人間だったのにキルケの魔法で姿を変えられた狼やライオンたちと同様に、中身まで四つ足の獣になりきってしまったわけではありませんでした。なぜなら彼らは、人間を獣から区別する「ものを識別する能力（ヌス）」だけは、以前と変わらずにしっかりと持ち続けたままだったからです。こうして姿を豚に変えた者たちをキルケは囲いの中に閉じこめて、彼らにどんぐりやその他の豚の常食の木の実を餌に投げ与えました。

館の外にいたエウリュロコスは震え上がって、大急ぎで船の側に逃げ帰りオデュッセウスに、キルケの館の様子とそこに入って行った者たちが一人も外へ出てこなくなったことを、涙ながらに報告しました。そしてそこに行った者を助け出そうなどという、不可能に決まっていることなど考えずに、どうかこのまますぐに自分たちを連れて、島から逃げ出すことにしてほしいと、必死で嘆願したのです。

しかしオデュッセウスはこのエウリュロコスの哀訴を取り上げずに、彼に船の側で飲み食いしながら待っているようにと言って、一人でキルケの館に向かって行きました。そうすると途中で、神々のあいだで使者の役をするヘルメス神が彼の前に現れて、キルケの館で家来たちの身に起こったことを説明してくれました。そして人間には知られていないが神々のあいだではモリュと呼ばれている乳の色をした花が咲くが根は黒い薬草を、土の中から引き抜いて、これを持っていればその効験で、キルケが与えるものを飲んでも魔法にかかることはないと言って彼に渡してくれました。そしてキルケがそのあとで、手に持った杖で打とうとしたら、剣を抜いて躍りかかって彼女を降参させればよい。そうすると彼女は、自分と同衾するようにオデュッセウスを誘うから、そうしたらまず自分にこれ以上の害をすることはけっしてしないと固く誓わせてから、彼女の寝台に上がって存分に愛の契りを交わせばよいと教えてくれました。オデュッセウスはそれで、この神に教えられた通りにして、自分の魔法がトロヤからの帰国の途中に彼女のもとに立ち寄るオデュッセウスによって破られる定めになっていることを、ヘルメスから予言されていたキルケを降参させました。そしてそのあと彼女の贅沢な寝台の上で、不死の女神との愛の悦楽に心ゆくまで酔い痴れたのです。

この歓楽に沈溺したあとにキルケから、心をこめて準備された飲食のもてなしを受けるより前に、オデュッセウスはまず女神に求めて豚に変えられていた家来たちを、人間の姿に戻させました。そうすると彼らは、以前よりも若々しく容姿も端麗になっていた上に、背丈も一まわり大きくなっていました。つまりキルケによって豚に変えられ、そのあとでまた人間に戻されたことでこの家来たちは、象徴的な死を味わったあとに再生し、そのことで不思議な成長を遂げていたわけです。キルケの魔法にかけられ、それから解かれたことはこのように、その体験をした者に、参入者に神秘的な成長と変身を果たさせる、密儀宗教の儀礼に入信したのと同じ意味を持ったと考えられます。

そのあとにオデュッセウスはキルケの勧めに従っていったん船に戻り、そこに待たせていた家来たちも女神のもとに連れていきました。ただエウリュロコスだけは、まだキルケに対するひどい恐れに取りつかれていて、彼女の館に行くことをさんざんに渋ったのですが、けっきょく彼もみなについて来ました。そしてそれからまる一年のあいだ一同はそこで、ふんだんな飲食のもてなしを受け、そのあいだオデュッセウスは夜毎に女神と同衾をし、睦まじく愛の歓楽に耽ることを続けたのです。

4　キルケに教えられてした冥界への旅

そうして季節がちょうど一めぐりしたときに、オデュッセウスの家来たちは彼に、この状態をこれ以上は続けず、帰国のことを考えるべきではないかと言ってうながしました。それでその夜にオデュッセウスは、いつものように同衾した女神の膝にすがって、自分たちをどうか帰国の途につかせてほしいと言って、キルケに嘆願しました。そうすると女神は、自分はこれ以上オデュッセウスたちの意志に逆らって、彼らを館に引き止めて置こうとは思っていないと言ってくれました。ただ帰国の旅に出るためには、その前にまず、死者の国の王ハデスとその妃のペルセポネの住む館のあるところまで行かねばならない。そしてそこで飛び交っている影のようになってしまっている死者たちの霊の中で、ただ一人だけ死後も堅固な知力を持ち続けることをペルセポネに許されている、生きているときはテバイの高名な予言者だったテイレシアスの霊から、その旅について必要な託宣を受けてこなければならないと教えてくれたのです。

キルケのこの言葉を聞いてオデュッセウスは、暗澹としてこれ以上は生きている望みをなくしてしまい、しばらくはただ床の上で反転をくり返しながら、泣き続けることしかできませんでした。しかしそのあとようやく泣きつかれてわれに返った彼が、「おお、キルケよ、その旅の道案内はいったい、だれがしてくれるのですか。船でハデスのもとへ行き着いた者など、これまでにだれもいないのに」と尋ねると、キルケはどのようにすれば冥府の入り口まで、船で旅をしていくことができるか。そしてそこでどうすれば、テイレシアスの霊から必要な教えを受けることができるかを、すっかり説明してくれたのです。

それによるとオデュッセウスの一行は、ただ船に帆柱を立て白い帆を張って、座っていればよい、と言うのです。そうすれば北風が船をどんどん南進させて、世界の果てを取り巻いて流れている大河オケアノスまで運んで行ってくれる。オケアノスの向こう岸には、ペルセポネの神域のポプラと柳の森が茂っているので、そこの岸に船を上げ、あとはハデスの館の入り口まで、徒歩で進んで行けばよい。そこではどれも冥界を流れる川である、ピリュプレゲトン川と、ステュクス川の支流であるコキュトス川とが、アケロン川に流入しており、その場所に岩があって、そこで両河が合流して、滝になって、アケロン川に注ぎこんでいる。その場所に着いたらそこに、長さも幅も五〇センチメートルほどの穴を掘り、その縁に立って死者たちへの供物として、まず蜂蜜を混ぜた乳と、次に甘美なブドウ酒と、それから水を注いだ上から、白い麦粉を振りかけ、その上でイタカに帰り着いた暁には屋敷の中で死者たちに、まだ子を産んでいない最良の牝牛を一頭と、それに加えてさまざまな供物を祭壇に捧げ、そのほかにテイレシアスのためには、これも群れの中で最良の漆黒の牡羊一頭を供えると約束するように。そしてこの祈りを終えたあとで穴の中で、牝の羊と漆黒の牡の羊を一頭ずつ、どちらも頭を冥府の暗闇の方に向けさせ、そのあいだオデュッセウス自身の顔は、オケアノスの流れの方に向けながら殺すと、たちまちその血の匂いに誘われて、死者たちの亡霊の群れが穴のまわりに集まってくる。そうしたら、オデュッセウスは、手に抜き身の剣を持って、自分がテイレシアスとの話を終えるまでは、他の死者の霊たちを血に近寄せぬようにしていれば、そこにテイレシアスの霊が現われて、彼にどうすれば帰国することができるか、その旅について必要なことを教えてくれる。キルケはこのように教えてくれました。

それでこのキルケの教えに従ってオデュッセウスは、帰国の旅に出るより前にまず、ハデスとペルセポネの館に行かねばならぬと聞かされて、絶望し悲嘆にくれている家来たちを励まして、船に乗りこませました。そのあいだにキルケは、そうしている姿を人の目には見せずに船のところに来て、生贄にするための牝羊と漆黒の牡羊を、縛りつけておいてくれていました。

オデュッセウスらが乗りこんだ船は、キルケが吹かせてくれる北風を帆に受けて、太陽の照らす世界の果てを取り巻いて流れている大河オケアノスまで、まっしぐらに南進して行きました。

オケアノスの岸辺には、キンメリオイ人と呼ばれる人々が、国と町を作って住んでいましたが、そこは日の出の時にも日没の時にも、太陽が光を注いで見下ろすことのけっしてない世界で、そこに住む人々はいつも暗い靄と霧に包まれ、呪わしい夜が広がる中で暮らしていました。オデュッセウスらはそこで船を岸に上げ、そこからキルケが教えてくれたハデスとペルセポネの館の入り口のところまで歩いて行き、その場所に指示されたような正方形の穴を掘って、キルケに言われた通りの儀式と祈祷を執行しました。そしてキルケがそのために準備してくれていた二頭の羊の頭を穴の中に切り落とすと、その傷から流れたどす黒い血の匂いに惹かれて、たちまち死者たちの亡霊の大群が、不気味な叫び声をあげながら、冥界の闇の底から穴のまわりに、群がり集まってきました。オデュッセウスはキルケに言われたように、手に抜き身の剣を構えて、自分がテイレシアスの霊から教えを受けるまで、他の亡霊たちを血に近づけないようにしていました。

このときオデュッセウスには本当に、胸の張り裂けるほどの悲しみを味わわずにいられないことが起こりました。集まってきた亡霊の中にはなんと自分の帰りをイタカで待ちわびてくれているると思いこんでいた、母のアンティクレイアの霊がいるのを見たのです。冥府で亡霊になってしまっている母の霊を見てオデュッセウスは、胸が潰れる思いで、さめざめと泣かずにいられませんでした。それでも彼は心を鬼にしてキルケの教えを守り、母の霊にも自分がテイレシアスの教えを受けるまでは、血に近づくことを許さなかったのです。

そうするとそこにテイレシアスの霊が、黄金の笏を手に持って現われました。そしてオデュッセウスを穴の側から離れさせ、剣を鞘におさめさせてから、黒い血をすすり、それから彼に帰国の旅についての教えを述べてくれたのです。

それによるとその旅は、オデュッセウスに息子ポリュペモスの目を潰されたポセイドンの怒りのせいで、苦難に満ちたものになるがそれでも、イタカに帰り着ける望みがないわけではない、ということでした。ただそのためには、一行が海の危難を逃れて、太陽神ヘリオスの島であるトリナキア島に近づくときに、ただひたすら帰国のことだけに心を向けて、この島にヘリオスによって飼われている神聖な牛と羊の群れに、オデュッセウス自身も家来たちも、けっして害を加えぬようにせねばならない。そうすれば途中で数多くの艱難にあっても、一行はイタカへの帰国を、なんとか果たせるかもしれない。だがもしこの太陽神の家畜に危害を加えれば、オデュッセウスは船も家来もすっかり失うことになる。そしてたとえ自分だけは帰国できても、そのために長い年月をかけ、ただ一人だけになって、他国の船に乗せられて、惨めな有り様でやっと帰国することになり、そのあとも故国でひどい災厄にあうことになる。なぜならそのとき彼の館には、彼の貞淑な妃のペネロペに求婚している大勢の傲慢な男たちがいて、彼の財産をほしいままに食い荒らしている。ただ帰国を果たせばオデュッセウスは、謀計によってかあるいは武勇にものを言わせて、その求婚者どもをみな殺しにして、王妃と王位を自分の手に取り戻すことができるだろう。

こう彼の帰国についての託宣を述べてから、テイレシアスの霊はさらに続けてオデュッセウスに、帰国したのちに幸福な老年を過ごし、最後に安らかな死を遂げるまでに、彼がせねばならぬことと彼の身に起こるだろうことまで、予言してくれたのです。

　そのあとテイレシアスの霊はオデュッセウスの質問に答えて、そこに集まっている死者たちの霊のうち、彼に血を飲むことを許される霊は、束の間ものを言う力を取り戻して真実を語るが、そのことを彼に拒まれればその霊は何も言わずに暗闇の中に帰って行くと彼に教えてから、またハデスの館の中に入って行ってしまいました。オデュッセウスはそれで、テイレシアスの霊がいなくなったあと、まずまっ先に母の霊に血を飲ませました。そうすると母の霊はそこではじめて、そこにいるのが自分の懐かしい息子のオデュッセウスであることに気づきました。そしてオデュッセウスの質問に泣きながら答えて、彼の妃のペネロペが固く貞操を守り続けており、イタカの王位がまだだれにも奪われておらず、彼の息子のテレマコスと父のラエルテスが、ひたすら彼の帰国を待ちわびていることなどを、彼に説明してくれました。そして自分が死んだのは、いつまでも帰ってこないオデュッセウスのことが心配でならず、彼が自分に対していつも示してくれていた優しい心遣いが、恋しくてたまらなかったためだったことを説明してくれました。

　それを聞いたオデュッセウスは、母の霊をどうしても自分の腕に抱きしめたいと思い、三度そうしようとして母の霊に駆け寄りましたが、その霊は三度とも彼の手から、まるで影か夢のようにふわりと飛んですり抜けてしまいました。それでそのことで悲嘆にくれている彼に母の霊は、死んだ人間はもはや手で触れられる肉体は持たず、夢のように浮かび漂うだけの亡魂になってしまうのだと説明してくれました。

母の霊とこのような言葉を交わしていたあいだにオデュッセウスのまわりには、大勢の亡霊が血の匂いに惹かれて集まって来ており、その中には名高い英雄やその妻や娘たちの霊がいました。その亡霊たちにオデュッセウスは、一度に穴に殺到することを許さず、めいめいに素性を明かさせて順に血を飲ませ、それぞれが存命中に体験したさまざまな波乱万丈の出来事についての真実を語らせました。その中には非業の最後を遂げたことをオデュッセウスがそのときまで知らずにいた、トロヤ戦争でギリシア軍の総大将だったアガメムノンの亡霊もいました。その亡霊はアガメムノンがトロヤから故国のミュケネに凱旋したその日に、不貞な彼の妃のクリュタイムネストラとその愛人になっていたアガメムノンの仇敵のアイギストスによって、卑怯な奸計にかけられて惨殺され、トロヤから彼が奴隷にして連れ帰った、プリアモス王の長女のカッサンドラも、そのときいっしょにクリュタイムネストラに殺されたことを、オデュッセウスの方に懸命に手を差し伸べ、大粒の涙を流しながら、物語りました。そしてその稀代の姦婦のクリュタイムネストラと違って、オデュッセウスの妃のペネロペは思慮分別の深い貞女の鑑なので、オデュッセウスには妻に殺害されることなど起こり得ないと言って、彼を羨みながら、それでもそのペネロペも含め女たちには、けっして心を許してはならず、帰国するときはこっそりと人目に立たぬようにせねばならぬと言って、オデュッセウスを戒めました。そして自分の死後に一人息子のオレステスの身に何が起こったのか、知っていればどうか教えてもらいたいとオデュッセウスに頼んだのですが、オデュッセウスはオレステスについては何も知らず、そのことでアガメムノンの霊に教えてやれることはありませんでした。

アガメムノンの霊のあとにオデュッセウスの前には、トロヤ戦争であげた不滅の手柄によって、その威信と輝きがとうぜん死後も死者たちのあいだで、失われることなく続いていると万人に信じられていた、アキレウスの霊が現われました。オデュッセウスはそれでその霊に血を飲ませたあとに、心からの羨望の思いをこめて、こう言葉をかけました。

アキレウスよ、あなたより幸福な人は、これまでもだれもいなかったし、今後もそんな人はだれもいないだろう。前にあなたが生きておられたときに、われわれアルゴス勢（＝ギリシア軍）の者たちは、あなたをまるで神々と同様に崇めていたし、いまではあなたはここにいられて、死者たちに対して大きな威権を振っているのだから。それだからアキレウスよ、死んだからと言って、あなたには嘆くことなど、何一つないのではないか。（『オデュッセイア』一一・四二八〜四八六）

そうするとそのオデュッセウスに対してアキレウスの霊は、死者に成り果ててしまったいまの自分の惨めさを、口をきわめて慨嘆しました。そして死者となってすべての亡霊たちから、王として崇められるよりもいまの自分には、身分の低い者の奴隷となってでも生きていることの方がずっとましだと思われるという心情を、こう切々と吐露して、オデュッセウスを驚愕させたのです。

どうか、高名なオデュッセウスよ、死のことで私に、気休めを言い聞かせようとはしないでくれ。私には死に果ててしまった亡者たち全員に、王として君臨するよりも生きていて、他人の土地で奴隷に成り下がって暮らす方が、望ましく思えるのだから。たとえその男が貧しくて、暮らし向きが裕福でなくても。(『オデュッセイア』一一・四八八〜四九一)

アキレウスは、幸福な長生きをするよりも、トロヤの戦場で若死にをして、不滅の栄誉を得ることを念願して、その思いをものの見事に達成したとされていました。それですからとうぜん死後の世界で、最大の満足を味わっているに違いないと、一般に信じられていたわけです。その死者たちの世界でとうぜん、だれからも最大の尊敬を受け、幸福であるに違いないと思われていたアキレウスの霊から、オデュッセウスはこのように、死者がそこでは、生きているときどれほどの栄誉を得たものであってもおしなべて、悲惨のどん底にあることを教えられたのです。

この悲愴きわまりない述懐を述べて、オデュッセウスを愕然とさせたのちに、アキレウスの霊はオデュッセウスに、自分の死後に残された一人息子のネオプトレモスが、武将としてどのような活躍をしたか、また自分が死んでしまって力となることができなくなったために、父のペレウスが王位を脅かされたり、辱めを受けていることはないか、もし知っていれば教えてもらいたいと頼みました。ペレウスの消息については、オデュッセウスは何も知らず、アキレウスの霊に教えられることはありませんでした。だがネオプトレモスについては、オデュッセウスはその目覚ましい活躍を詳しく語って、アキレウスの霊を大喜びさせてやることができました。

ネオプトレモスは前にお話ししたように、トロヤに来るより前にアキレウスが、スキュロス島のリュコメデス王のもとに滞在していたあいだに、リュコメデス王の王女のデイダメイアに生ませていた息子で、アキレウスがトロヤ戦争に参戦したあと、リュコメデスとデイダメイアの手もとで育てられていました。アキレウスが死んだあとに、予言者のカルカスによって、トロヤを落城させるためには、このアキレウスの遺児を、攻撃に参加させることが必要だという託宣がされ、それでオデュッセウスがディオメデスといっしょにスキュロス島まで迎えに行き、父とそっくりな非の打ち所がないすばらしい若武者に成長していた彼をトロヤに連れていきました。それでオデュッセウスはそこで彼が、木馬の計略によってこの市が陥落するまで、他のだれにも引けを取らぬ数々の輝かしい戦功をあげ、勝利のあとその軍功に報いる手厚い褒賞を贈られて、つつがなくトロヤを出港して行ったまでのことを、よく知っていたからです。

そのあとにオデュッセウスはこれらのほかにも、多くの有名な死者たちを目にしました。その中には、顎まで水に浸かっているのに、飲もうとして口を近づけるとその水がたちまちに涸れ、またさまざまな美味な実をたわわにつけた果樹の枝が頭上にあるのに、果実を取ろうとして手を伸ばすと、風がその枝を高く吹き上げて届かなくするので、ふんだんな飲食物をま近に見ながら、渇きと飢えに苦しみ続けねばならぬタンタロスや、重い岩を満身の力をこめて坂の上に押し上げているが、頂上に達しようとするとそのたびに岩がまた転がり落ちてしまうので、同じ徒労を何度でもくり返さねばならぬシシュポスなど、死後の世界で永劫の罰を受けている死者たちの姿もありました。このようにして冥界の光景に見入っているうちに、オデュッセウスはとつぜん、これ以上ここにいてこんなことを続けていると、自分もペルセポネによって死者として冥府に引きこまれ、永久にそこから出られなくされてしまうのではないかという、猛烈な恐怖に取りつかれました。それで急いで船のところに戻って、家来たちを乗船させてそれぞれの持ち場につかせ、彼らを督励してオケアノスの流れを全力で漕いで渡らせ、そのあとまた順風を帆に受けて、アイアイア島に帰り着いたのです。

5　セイレンの島とスキュラの岩壁を通過して辿り着いた太陽神の島

一同がこの島に上陸するとキルケが館から、沢山のご馳走とブドウ酒を持って来てくれました。そして他の人間たちは死んだときに一度だけしか行けぬハデスの館に、生きたまま行ってそれからまた帰って来たので、死ぬときとあわせて二度そこに行くことになった、一同の勇気を褒め、彼らにその日はそこで十分な食事をして、翌日の夜明けに出航するように勧めたのです。それでこの指図に従った家来たちが、夜に食事を終えて眠りにつくと、キルケはオデュッセウスの手を取って、部下たちから離れた場所に連れて行き、自分も傍らに横になって彼に、これからせねばならぬ航海の道筋と、そこで遭遇せねばならぬ危難のことを、懇切に説明してくれたのです。

それによるとまず最初に通らねばならぬ難所は、セイレンという魅惑的な美女の顔と、猛禽の翼と脚を持つ、人面鳥身の奇怪な怪物たちの住む島の沖でした。これらの女怪たちは船が近づいて来るのを見ると、美しい声を張り上げて、不思議な魔力のこもった歌を唄うのです。そうするとそれを聞いた者たちはたちまちその妖異な歌声に魅了されて故郷のことも家族のことも忘れ、岩だらけの島に引き寄せられて難破してしまうので、セイレンたちのまわりには、彼女たちの歌に呪縛され犠牲になって死んだ人間たちの骨が、うず高く積もっているというのです。

この難所を通過するためにキルケはオデュッセウスに、そこに近づいたら予め、船を漕ぐ家来たちの耳に蜜蝋を塗りつけて塞ぎ、セイレンたちの歌が彼らに聞こえないようにしておけばよいと教えてくれました。そしてもしオデュッセウスが、自分だけはセイレンの歌がどのようなものか聞きたいと思うのなら、彼の耳にだけは臘の栓をせずに、家来たちに命じて自分を帆柱に固く縛りつけさせ、歌を聞いているうちに彼が夢中になって縛めをほどいてくれと頼んでも、けっして言うことを聞かず、かえっていっそう厳重に縛るように、家来たちによく言い聞かせておくようにすればよいと教えてくれたのです。

それからキルケは、そこを過ぎたあとにオデュッセウスの一行は、二つの困難きわまりない進路のどちらかを選んで、通らねばならないと説明してくれました。一方の進路は、神々にプランクタイ（動く岩）と呼ばれている高く切り立った二つの巨岩が、海中で絶えず凄まじい轟音を立ててぶつかり合っているところでした。このあいだを通ろうとするものは、船はむろんのこと空を飛ぶ鳥でも、その激しい衝突によって圧し潰されます。オデュッセウスの船がここを通り抜けることは、とうてい不可能と思われるので、もう一方の進路を選ぶよりしかたがありませんでした。そのもう一方の航路は両側には二つの世にも奇怪な巨岩がそそり立っているところでした。一方の岩は、鋭く尖った頂きが天に届くかと思われるほど高く聳え、岩壁は磨き上げたようにつるつると滑らかで、その中ほどに洞窟があり、そこに子犬のような奇怪な鳴き声で吠える六個の頭と一二本の前脚を持つ醜悪きわまりないスキュラと呼ばれる怪物が隠れ棲んでいるというのです。そして岩の側を通る船があれば、たちまち六つの頭でそれぞれ船乗りを一人ずつ攫って餌食にしてしまいます。もう一つの岩はスキュラの岩ほどは高くありませんが、この岩には葉の茂った無花果の巨木が生えていて、その根元にカリュブディスと呼ばれる、生きている怪物のような猛烈な渦潮があり、日に三度ずつ凄まじい勢いで、大量の海水を吸いこむのです。もしそのときに、そこに居合わせる船があれば、呑みこまれるのを逃れる術はまったくありません。

これら二つの巨岩は、一方のある場所から矢を射れば他方のところに届くほどの距離で、たがいに向かいあっていました。キルケはオデュッセウスにそのあいだを通るときには、船をできるだけスキュラの岩の方に近寄せて進めるように、そうすれば六人の乗員が、そこでスキュラの餌食にされることは免れられないが、全員が船もろともカリュブディスの渦に呑まれて、壊滅はせずにすむだろうと教えてくれました。オデュッセウスはそれを聞いてキルケに、自分はスキュラと戦って家来たちの命を守ることはできないだろうかと尋ねました。キルケは、この凶暴きわまりない怪物の攻撃に対抗することは、だれにもけっしてできないと答えました。オデュッセウスにできることはただ大急ぎで船を進めて、六人以上の犠牲者を出さぬようにすることだと言うのです。

この難所を過ぎたあとにオデュッセウスの一行は、彼が冥府でテイレシアスの霊から聞かされた託宣の中にも出てきた、トリナキア島に着くと、キルケは教えてくれました、そこは太陽神ヘリオスの聖地で、ヘリオスがネアイラという女神に生ませた、パエトゥサとランペティアという美しい娘神たちが、そこで父神の牛と羊の群れの世話をしています。どちらの群れも七つずつで、それぞれの群れが五〇頭ずつからなっており、この牛と羊の数は増えることも減ることも、けっしてあってはならないとされています。テイレシアスと同様にキルケもやはり、オデュッセウスの一行がさまざまな苦難にあっても、イタカに帰りたいと願うなら、これらの群れにけっして害をなしてはならない、もし万が一にも害を加えることがあれば、オデュッセウスは船も家来たちもすべて失うことになる、そして彼だけは牛にも羊にも手をかけずにいて、なんとか難を逃れても、このあとなお長いあいだ流浪の苦しみを嘗めた末に、たった一人で世にも惨めな状態になって、帰国する羽目になる、と教えてくれたのです。

翌朝になって一行が船出すると、キルケが送ってくれた順風のおかげで、セイレンたちの住む島に声が聞こえるほどの距離に近づくまでは、快適な航海ができました。だがそのあたりまで来ると、とつぜん風がぱったり止み、船は櫂で漕いでしか進まなくなりました。それでキルケに教わった通りにオデュッセウスは、家来たちにわけを説明して、彼らの耳の穴を蜜蝋を貼りつけて塞ぎ、その一方で彼らに命じて、自分を帆柱にしっかりと縛りつけさせました。そして自分がほどいてくれと頼んだり命じることがあっても、けっして言うことを聞かず、そのときは縛めをいっそう厳重にせよと、言い聞かせたのです。それで一行は、セイレンたちが船が近づくのを見て不思議な歌声を張りあげても、オデュッセウス一人のほかはだれもその声を聞かず、歌声に魅了されたオデュッセウスが、いくら夢中になって縛めを解かせようとしても、だれもその指示に従わなかったので、無事にこの難所を通過することができました。そしてオデュッセウスは人間の中でただ一人だけ、耳にする者が破滅を免れることのできないはずのセイレンの不思議な歌を、生きたままで聞くことができたのです。

そのあとスキュラの住む岩壁の下を通り抜けたときにはオデュッセウスは、そんなことをしても無駄だとキルケに言い聞かされていたことを無視しました。そして船の舳のところで、厳重に武装をして、この怪物が家来たちを捕って食いに現われるのを、懸命に見張っていたのです。だがそのあいだ向こう側のもう一つの岩壁の下方では、カリュブディスが凄まじい轟音を鳴り響かせながら、信じられないほど大量の海水を、猛烈な勢いで呑みこんでいました。それでその恐ろしさに気を取られてオデュッセウスは、ついそちらに注意を引きつけられました。そうするとそのすきにたちまち六人の屈強な家来たちが、スキュラの六つの頭に攫われて食われてしまったのです。彼らは空中に引っ張り上げられて行きながら、オデュッセウスの名を呼び、助けを求め必死で彼の方へ手を伸ばしました。だがオデュッセウスはただ、彼らが怪物の餌食にされるのを見ているほかには、何もしてやることができませんでした。

それからしばらく進むと彼らの行く先に、ヘリオスの牛と羊の群れがいるトリナキア島が見えてきました。オデュッセウスはそれで家来たちに、テイレシアスの亡霊とキルケに、この島について注意されてきたことを説明しました。そしてこの島には立ち寄らずに、船を先に進めるように、彼らを説得しようとしたのです。そうするとエウリュロコスがみなを代表し抗議して、自分たちは仲間を失いながら難所を通り抜けてきた航海で、すっかり疲労困憊しているので、このまま夜の海を船を進める余力はとうてい残されていない。それでこの島に上陸して夜を明かして、翌朝また船出することにしたいと提案し、一同はそうすることに賛成しました。オデュッセウスはそれで、島にいるあいだはキルケからもらってきた食物だけを食べ、ヘリオスの牛と羊を害することはけっしてしないと、家来たちに固く誓わせてから、船を島に着けさせて一同を上陸させたのです。

しかし彼らが島で疲れを癒そうとして眠ったその夜のうちに、激しい嵐が起こりました。そしてそれから一月のあいだ、強風が吹き荒れて航海ができぬ状態が続いたのです。船にキルケから与えられた食物があったあいだは、家来たちはそれを食べて満足していました。だがそのたくわえが尽きると彼らは、飢えに胃の腑を苛まれながら、魚でも鳥でも何でも手に入るものを捕って、空腹を凌ぐほかなくなってしまったのです。

オデュッセウスはそれで家来たちから離れて、一人で島の奥へ入って行きました。そして神々に、帰国の道が示されるように祈りを捧げたのです。そうすると疲れ果てていた彼は、祈っているあいだに瞼を甘美な眠りに捕えられて、ぐっすりと眠りこんでしまったのです。そのあいだにエウリュロコスが他の家来たちに、飢えに苦しんで惨めな死に方をするよりはむしろオデュッセウスがいないあいだにヘリオスの見事な牛を何頭か捕えて、神々の供物に捧げてから食べようと提案したのです。そしてそのためにもしヘリオスの怒りによって、船を難破させられて海で溺れ死ぬことになっても、自分にはその方がこの島で飢えのせいで衰弱して死ぬよりましだと思える、と言うと一同はみな彼に賛成し、さっそくその提案を実行に移したのです。

ただ、牛を神々への供物に捧げると言っても船にはもう、その犠牲を殺す前に振りかける麦がなかったので、彼らは樫の木の若葉を摘んできて代用し、また神々のために燃やす供物に注ぎかけるブドウ酒もなかったので、水をその代わりに使いました。つまり彼らが、けっしてそうしてはならぬ牛を使ってしようとした供犠の儀式は、その儀式になりえてもいなかったので、彼らはそのことで、二重に瀆聖の大罪を犯していたわけです。

ともかく捕えた牛をこのようにして、定め通りの儀礼になりえていないやり方で、形だけ神々への供物であるように扱ったあとに、彼らはまず殺した牛の臓腑を焼いて賞味し、そのあと肉を細かく刻んで、焼き串に刺して火にかけ並べました。ちょうどそのころオデュッセウスが、深い眠りから覚めて船のところへ帰って行く途中で、極上の牛の脂身の焼けるえも言われぬ芳しい匂いが、自分のまわりいっぱいに立ちこめてくるのを嗅いだのです。彼はそれで自分が不在のあいだに、家来たちがしてしまったことを知りました。そしてたちまち絶望して胸をかきむしりながら、「ああ眠っていたあいだに家来たちが、とんでもないことをして、自分たちを破滅の淵に陥れてしまった」と、世にも悲痛な呻き声をあげて叫んだのですが、牛たちはすでに殺されてしまったあとだったので、どうすることもできませんでした。

そのとき天上ではヘリオスの娘の一人のランペティアが、父神のもとに大急ぎで駆けつけて来て、オデュッセウスの家来たちが太陽神の聖牛に対して、許されぬ暴挙を犯したことを告げていました。ヘリオスはたちまち怒り心頭に発して、ゼウスと他の神々にそのことを訴えました。そして「自分が天に昇るときも、いつも心楽しく眺めて満足していたあの牛を手にかけた者たちが、その大罪に相応しい厳罰を受けて、代償を払わねば、自分はこのあと天上の神々と地上の人間たちを照らすのを止め、冥府に降りて行って死者たちのあいだで、照り輝くことにする」と、言ったのです。ゼウスはそれでヘリオスに「彼の聖牛を殺した者たちは自分がほどなく、海のまっただ中で雷で打って破滅させる」と約束しました。そしてヘリオスに「これまで通り、天と地上を照らし続けるように」と言い聞かせていたのです。

そのあいだにトリナキア島ではオデュッセウスの家来たちが殺した牛に、剥ぎ取った皮が這って動いたり、串に刺された肉片が生きているような鳴き声をあげるなど、あってはならぬことが出来したことを知らせる、いろいろな不思議が起こっていました。それでも家来たちはそれから六日のあいだ、聖牛を食べる瀆聖の大罪を犯し続けていました。七日目になると強風が止んだので、一行はトリナキア島から船出しました。そうすると船がどこの方角にも陸地の見えぬ、大海のまっただ中に出たところでとつぜん、ゼウスが起こした猛烈な嵐が吹き荒れ、その最中にゼウスが浴びせかけた雷火に打たれて船はめちゃめちゃに粉砕され、家来たちはみな海に落ちて、海鵜のような姿で荒波に翻弄されながら、惨めきわまりない溺死を遂げてしまったのです。

オデュッセウスは一人だけ、船体からもぎ取られた船の竜骨に必死でしがみつき、その上にまたがって暴風雨の中を、なんとか溺れずに流されていきました。そして一晩中激しい風を浴びながら海を漂った末に、夜明けにまた、前に通ってきたスキュラとカリュブディスの岩のあるところまで、吹き戻されてしまったのです。そうするとそのときカリュブディスは、凄まじい轟音を立てながら、大量の海水を猛烈な勢いで呑みこんでいる最中でした。オデュッセウスは、とっさに竜骨から飛び上がって、渦の上に生えている無花果の大樹に飛びつきました。そしてカリュブディスが、自分が乗ってきた竜骨をまた呑んだ海水といっしょに吐き出すまで、死にもの狂いで無花果の樹にしがみついていたのです。気の遠くなるほど長い時間のあいだ、必死で我慢してそうしていると、しまいにカリュブディスの吐き出す海水の中にまた、待っていた竜骨が浮かび上がってきたので、オデュッセウスは無花果から手足を離して、その船材の側の海中に飛びこみました。そして竜骨の上に這い上がり、両手を櫂の代わりにして必死で漕いでその場から離れ、そのあと九日のあいだ海上を漂流し続けた末に、一〇日目の夜に、カリュプソという女神が他の神々からも人間たちからも遠く離れて、侍女のニンフたちだけと孤独な暮らしをしている、オギュギエという島に流れ着いたのです。

6　女神カリュプソから受け続けた求愛とそれからの別れ

この島ではオデュッセウスは、前にアイアイア島でキルケに対してしたように、持ち前の機知（メティス）を働かせて、島の主の女神を籠絡する必要はまったくありませんでした。船と部下をすべて失ってたった一人になって、命からがら綿のようにくたくたに疲れ切って、この島に漂着した彼が意識を取り戻したときには、オデュッセウスは自分を救助してくれたカリュプソの腕の中にいました。この女神は懇ろに彼の面倒を見てくれただけでなく、こうして助けた人間の英雄の彼を、夢中で熱愛しました。そしてそれからなんと七年のあいだ、夜毎に彼と甘美な同衾をくり返しながら、もしもこのままここに住んで自分の夫になってくれれば、彼を不死で不老にすると言って、熱心な求婚を続けたのです。

だがオデュッセウスはカリュプソから受けた、夫になれば不死の神にしてやるというこの申し出を、にべもなく断り続けました。そして夜には女神と添い寝して、人間にはありえぬその色香の蠱惑を思うさま堪能しておきながら、昼間にはカリュプソの住まいの岩屋から離れた浜辺に行き、そこで海に突き出た岩の上に座って、悲嘆にくれ呻吟し泣哭しながら不毛の海を眺め、その遙か向こうの故国イタカにひたすら憧れ、そこに帰ってペネロペの夫でイタカの王である自分の地位を何としても取り戻すことだけを念願し続けていたのです。

不死の女神の夫にされて自身も不死になることが可能だったのにオデュッセウスがこのように、ただの人間の女を妻に取り戻し、自分も死なねばならぬ人間であり続けることに、執念をあくまで燃やしていたことは、一見すると不可解にも思われます。『オデュッセイア』第五歌の二一一～三行には、オデュッセウスが自分との結婚をどうしても望まずに、自分より魅力が格段におとるはずのただの人間であるペネロペに、執着するわけをいぶかしんでカリュプソが、「私がその女（＝ペネロペ）よりも容姿が劣っていることなど、断じてありえようはずがないのに。人間の女どもが、不死の女神たちと、形貌と肢体の魅力を競いあうことなど、けっしてあってはならぬことなのだから」と、言ったことが歌われています。そうするとそれに対して二一五～八行でオデュッセウスは、「畏い女神よ、どうかそのことで私にお腹立ちにはならないでください。思慮深いペネロペが容貌も体躯も、あなたよりずっと劣ることは私自身が十分に承知しております。なにしろ彼女の方はただの人間で、それにひきかえあなたは、不死で不老の女神であられるのですから」と言って、ペネロペよりもカリュプソの方が、比較にならぬほどより魅力的であると、明言したことが歌われています。

しかもオギュギエ島に流れ着いて、カリュプソに救助されるより前にオデュッセウスは見たように、キルケの勧めに従って生きた人間の身で、死者の国の入り口まで旅をしてきていました。そしてそこで見るも哀れな亡者に成り果てている死者たちの有り様を眺め、その中の何人かの霊と言葉を交わして、人間にとって死後の世界が、どれほど悲惨きわまりないものであるかを、腹の底から思い知らされていました。そのおりに彼はなかんずく、生きていたあいだに得た至高の栄誉の輝きが死後も永遠に続いているはずと信じられていたアキレウスの亡霊と会って、『オデュッセイア』一一・四八六によれば見たように彼に、「それだからアキレウスよ、死んだからと言ってあなたには、嘆くことは何一つないではないか」と言って、心からの羨望の思いを吐露しました。そうするとそれに対してアキレウスの亡霊は、前にも見たように死者になってしまったいまの自分が、生きているもっとも賤しい者よりも、さらに惨めであることを、しみじみと慨嘆したと言われています。

どうか、高名なオデュッセウスよ、死のことで私に、気休めを言い聞かせようとはしないでくれ。私には死に果ててしまった亡者たち全員に、王として君臨するよりも生きていて、他人の土地で奴隷に成り下がって暮らす方が望ましく思えるのだから、たとえその男が貧しくて、暮らし向きが裕福でなくても。

オギュギエ島に来るよりも前に、オデュッセウスは冥府でアキレウスの霊から、そこでの死者たちの有り様について、本当に絶望的と思われるこんな嘆きを聞かされていました。そしてそのあとで彼はカリュプソから、彼女の夫になれば、美麗きわまりない女神と同衾するいまの無上の悦楽に、いつまでも耽り続けられるだけではなく、悲惨きわまりない死の運命からも、永久に免れられると言われて、七年にわたって熱心に言い寄られ続けたのです。だがそれにもかかわらずオデュッセウスは、女神の夫になって不死になることをなんと言われてもけっして承知せずに、いつか死なねばならぬ人間の英雄であり続けることを、ただひたすら念願し続けました。そしてけっきょくこれから見るようにして、その念願をついに果たしたとされているわけです。

カリュプソという女神の名前は、「覆う」とか「隠す」を意味する動詞カリュプト（＝私は隠す）に由来しており、「覆い隠す者」を意味しています。この女神は、見てきたように神界からも人間界からも遥か遠くに隔絶した絶海の孤島で、オデュッセウスをそこに迎えるまで、神々ともまた人間のだれとも、まったく接触を持たぬ暮らしをしていました。つまりこの女神は、「覆い隠す者」であるのと同時に、自分自身も他の世界から、完全に「覆い隠されてしまっている者」でもあったのです。ですからこの女神の夫になって永久に不老不死であり続けることはオデュッセウスにとって、カリュプソによって永久に覆い隠されてしまうことであり、自分がそれまで属していた、人間の世界を含む下界とのつながりを、すべてなくしてしまうことを意味していました。

オデュッセウスと外界とのつながりは、彼がその王である故国イタカと彼の結びつき、彼がその一人息子であるラエルテス、および彼自身の一人息子であるテレマコスと彼との父子関係、ペネロペとの夫婦関係、また故国でいまも彼を主人と仰いで、帰国を待ちわびてくれている忠実な下僕たちと彼との主従の関係などを、主な要素として構成されていました。これらのつながりに基づいて彼はこれまでの生涯のあいだに、人間のあいだに他にまったく類のない、ポリュトロポスつまり「多くの知略を持ち多くの遍歴をした」英雄として、輝かしい事績を積み重ねてきていました。これらのつながりが喪失されることはですから、彼を他のだれとも違う、オデュッセウスという個人たらしめている特質が霧消されてしまうことにほかなりませんでした。そうなれば彼はもはや、トロヤの攻略に最大の貢献を果たしたことで、そのメティスの評判が天まで届いている、英雄オデュッセウスでなくなってしまうのです。そしてなかんずくトロヤを出てからオギュギエ島に着くまで彼がしてきた、数々の不思議きわまりない冒険と、そのあいだに彼のメティスがなしとげた縦横の働きはすべて、人間たちのあいだに何の痕跡も残さずに忘れさられてしまい、現在の『オデュッセイア』に歌われている話は、語られることがまったくなくなってしまうわけです。

『オデュッセイア』の第一歌には、トロヤ戦争が終わってすでに一〇年が経とうとしているのに、オデュッセウスがまだ故国への帰還を果たせずにいるところで、女神のアテナがイタカにやって来てテレマコスに、行方不明になっている父の消息を尋ねるために、ピュロスとスパルタを訪れてみるように勧めたことが歌われています。そのためにアテナはまず、オデュッセウスと旧知の間柄だが当時のイタカではだれにも知られていなかった、タポス人の王メンテスという人物の姿になって、オデュッセウスの館に行き、そこでテレマコスから客人として手厚いもてなしを受けながら、彼と話を交わしたとされています。そしてその話しあいのあいだに二〇六〜九行では、メンテス（＝アテナ）はこう言って、彼がかつて自分がよく見知っていた、オデュッセウスの息子かと尋ねたと言われています。

ところでさあ、このことをどうかありのままに、私にお聞かせください。このようにご立派に成人されたあなたは、オデュッセウス殿ご自身のご子息であられるのですか。それというのもあなたは、お顔つきも美しいお目も、そのお方とそっくりでいられますので。

そうするとそれに対してテレマコスは、まず二一四〜六行でこう答えたとされています。

それならばお客人よ、私もそのことをあなた様に、はっきりとありのままに申しましょう。母は確かに、私が彼の子だと言っていますが、私にはそうなのかどうかは分かりません。自分の出生のことを、自分自身で知っている者は、世の中にだれもいないのですから。

そしてそのあと二三四〜二四三行ではさらにこう言って、オデュッセウスがまったく跡形もないようになっている現在の状態を、腹の底から慨嘆したと言われています。

だが神々はいまや、別のご意向を持たれて災いを企まれ、その人をすべての人間たちの中でだれよりも、行方の分からないようにしてしまわれたのです。もしも死んだのであれば、トロヤ人たちの国で僚友らと共に倒れたにせよ、あるいはまた戦争をやりとげたのちに、親しい者たちの腕に抱かれて息を引き取ったにせよ、私はこんなにも嘆きはしなかったでしょう。もしそうであったら、アカイア人(＝ギリシア人)の全軍が彼のために墓を造り、また自分の息子のためにも、後世まで語り継がれる、大きな誉れをあげたことになっていたでしょうから。だがいまではハルピュイアイたちが、彼を誉れをあげぬままに攫って行ってしまって、彼は行方もまったく知られず、何の消息も残さずにいなくなり、私にはただ、苦悩と悲嘆だけを遺したのですから。

このテレマコスの嘆きからよく分かるように、オギュギエ島にカリュプソによって隠されていたあいだのオデュッセウスは、旋風の神格化された女怪たちで、死者の魂を鋭い爪で掴んで、他界に運び去ると信じられていた人面鳥身のハルピュイアイたちによって、まるでどこへとも分からぬ場所に攫われてしまいでもしたように、世界から掻き消されたようにいなくなったと思われていました。それで物心がつくより前に彼と別れたまま、このときまで彼を父親として実感したことがなかった一人息子のテレマコスには、彼と自分との父子の関係も定かではなくなっていたのです。つまりカリュプソの女神としての魅力を味わいながら、不老不死であり続けることはオデュッセウスにとって、生きて居ながら自分がこの世に存在した痕跡をすっかり霧消されて、彼をオデュッセウスたらしめている自己自身を、完全に喪失してしまうことにほかならなかったわけです。それでオデュッセウスは、そうすれば自分が最後には、冥府でその徹底した惨めさを腹の底から思い知らされてきた、死者に成り果てねばならぬことを承知しながら、人間の英雄のオデュッセウスである自分自身を取り戻してなんとしてもだれにも真似のできぬメティスの英雄であり続けることを、ひたすら念願して止まずに、ついにその念願を果たしたとされているわけです。

アテナが見たようにイタカに来て、テレマコスが行方不明になっている父の消息を尋ねるために、ピュロスとスパルタを訪れるように仕向けたことが物語られるのに先立って、『オデュッセイア』にはまず、オリュンポスのゼウスの王宮で開かれていた神々の宴会のことが歌われています。この会合にはポセイドンは参加していませんでした。この神はこのとき、世界の東と西の果てに分かれて住んでいて、神々と一般の人間たちよりもずっと親密な関係を持つことを許されているエティオピア人のもとを訪れて、彼らの供応を楽しんでいたからです。

ポセイドンは、見たように、オデュッセウスが自分の息子のポリュペモスのたった一つしかなかった目を無残に潰してしまったことを激怒して、彼のイタカへの帰還を何がなんでも妨げようとしていました。それでそのポセイドンがオリュンポスに不在で、口出しできないこの絶好の機会を捕えて、この会合でアテナはゼウスに、トロヤ戦争が終わってからやがて一〇年が経とうとしているのにオデュッセウスが、カリュプソによってオギュギエ島に引き留められて、まだ故国への帰還ができずにいることを訴えました。そしてオデュッセウスを帰国させることに決め、その命令をカリュプソに伝えさせるために、使者の神のヘルメスを、オギュギエ島に派遣することを承知させたのです。

『オデュッセイア』の第五歌には、それでこの約束の通りにゼウスがヘルメスを、神界からも遠く隔絶しているために神々も訪れることのないオギュギエ島にはるばると派遣して、オデュッセウスをこれ以上は引き留めずに、島からただちに出立させるようにという命令を、カリュプソに伝えさせたことが物語られています。そうするとカリュプソはまず、「神々よ、あなた方は残酷で、他のだれよりもずっと嫉妬深くていらっしゃいます（一一八行）」と叫んで、女神が人間の男と関係を持ったことを喜ばず、まして夫にすることはけっして許さない、男神たちの狭量さを、身を震わせて非難しました。しかしゼウスの意思に背くわけにはいかなかったので、ヘルメスがオデュッセウスをすぐに島から出立させるようにという命令を言い渡して立ち去ると、浜辺に行き、このときもそこで岩の上に座って海を眺め、ひたすら涙を流していたオデュッセウスの側に近寄りました。そして彼と対話し、彼女と別れて帰国したいという彼の意志に変化がないことを確かめると、自分にはもうこれ以上その妨害をするつもりはないと言い、彼に翌日からさっそく、海を渡るための大きな筏を作り上げるように勧めました。そしてそのあとで、次の日の朝からその筏の製作に取り掛かることに決まったオデュッセウスに、その夜の食事が終わったところで二〇三～五行によればこう言って、別れの挨拶を述べたと物語られています。

　ゼウスの子孫で、ラエルテスの息子、機略縦横のオデュッセウスよ、あなたはそのように、いますぐに家に向かい、懐かしい故国の地に帰りたいと望むのだね。それではともかく、お別れの挨拶を言ってあげよう。

「ゼウスの子孫で、ラエルテスの息子、機略縦横のオデュッセウス（ディオゲネス　ラエルティアデ　ポリュメカノデュッセウ）」というのは、『オデュッセイア』の中で常用されている、六脚詩句の全体からなるオデュッセウスの伝統的呼称ですが、カリュプソはここではじめてこの呼称を使って、オデュッセウスに呼びかけたことになっています。そうすることでカリュプソは明らかに、オデュッセウスがそれまで彼女によって、英雄として個性を隠蔽されていた状態から、離脱しようとしていることを、認定したのだと思われます。つまりカリュプソと別れることでオデュッセウスは、この伝統的呼称に表現されているまさにその通りの、ゼウスの子孫で、ラエルテスの嗣子で、縦横無尽の機略の評判が天まで届いている英雄である、他のだれとも違う彼自身の特質を、取り戻そうとしていたわけです。そのことでオデュッセウスは、彼が望みさえすれば永遠にわたって保持し続けることができた、美貌の女神との悦楽と、ここできっぱりと訣別したわけです。そしてその世界のだれにも知られることのない単調な不老不死の愉楽に代えて『オデュッセイア』の主人公になる英雄としての自己を取り戻すために、なお必要な苦難に耐え、その果てにはけっきょく死なねばならぬ人間の運命を甘受する道を、はっきりと選択したことを意味していました。

7　自分自身を取り戻したオデュッセウスと美少女ナウシカアとの出会い

次の日の夜明けからオデュッセウスはさっそく、島から出て行くための筏を造り上げる仕事にとりかかりました。その作業に必要だった、木を伐り枝を払うために使われる「青銅の大斧（ペレキュン　ネガン　カルケオン）」や、その木を材木にするための「よく磨かれた手斧（スケパルノン　エウクソオン）」や、それらをまっすぐな材にするのに必要な「墨縄（スタトウメ）」や、それらを組みあわせるための穴を穿つのに使われる「錐（テレトラ）」などの道具は、カリュプソによって提供されました。女神はまた筏の材木になる、海に浮くようにすっかり枯れている「ハンの木（クレトウラ）」や、「ポプラ（アイゲイロス）」や、「天まで届くほど丈の高い樅の木（エラテ　ウラノメケス）」

などが立っている場所を、オデュッセウスに教え、頑丈に組み上がった筏に彼が帆柱を立てるとそこに張るための「帆布（パレアア）」も持ってきてくれました。だが筏を組み立てるための作業それ自体のためには、彼はカリュプソの助けをいっさい借りずに、四日間かけて、「造船の技術にすっかり熟達している者（エウ　エイドス　テクトシュナオン）」のように、その仕事を一人で仕上げたと言われています。

このようにして作業に、夢中になって勤しんでいたときに、オデュッセウスはまさしく、そのメティスの評判が天まで届いている英雄としての自分自身を取り戻していました。なぜならこのようなさまざまな工具を使って、外洋を渡ることのできる船を建造する技術を人間に教えたのは、ほかならぬメティスの女神であるアテナだと信じられていました。それはイアソンが英雄たちと共に黒海の東の涯のコルキスまで、金毛羊皮を取りに行く冒険をしたときに、ギリシア人たちが最初にした遠洋航海だったこの旅に使われたアルゴ船が建造されるために、この船の製作者だったアルゴスに、アテナから教えられた技術だったとされていたからです。そしてアテナは『オデュッセイア』第一三歌でそのことをオデュッセウスに向かって、こう言ったとされている通りに、オデュッセウスは人間の世界、自分自身は神々のあいだで、それぞれメティスに関して第一人者であり、その点で両者が同類のような関係にあることを、はっきりと認めていたとされています。

だからさあ、もうこれ以上こんなことを言いあうのは、止めにしましょう。あなたはすべての人間たちの中で、策略と作り話にかけては第一人者なのだし、私の方はすべての神々のあいだで、メティスと術策にかけて、抜群の評判を得ているのだから。(二九六〜九行)

このようにして彼の得意とするメティスの産物だった筏が、四日で立派に完成すると、五日目に彼は、カリュプソが飲食物などをたっぷり積んでくれたその筏に乗り、女神が吹かせてくれた順風に送られて、オギュギエ島から出港しました。そしてそれから一七日のあいだ、彼は、筏に座って夜のあいだもけっして眠りで瞼を閉ざさずに、航海の目印となるプレイアデス(すばる)、牛飼座、大熊座などの星座から目を離さず、舵を巧みに操ってまっすぐに航行しました。そうすると一八日目に、靄でかすむ海の向こうに、パイエケス人の住むスケリア島の山並みの暗い頂きが見えてきたと言われています。この航海のあいだも、オデュッセウスが存分に発揮し続けた彼の特質は言うまでもなく、人間のあいだで比類のないメティスでした。そのことは操船に何よりも肝要な資質がメティスであることが、『イリアス』第二三歌に、「舵手もまたメティスによって、ブドウ酒色の海の上で、風に翻弄される迅速な船を、まっすぐに航行させる(三一六〜七行)」と言われていることからも、明らかだと思われます。

ところがちょうどそのときにポセイドンが、エティオピア人の国から帰ってくる途中で、海上をこのように順調に航海して、やがて無事にスケリア島に着こうとしているオデュッセウスを見たのです。それでたちまち激怒した海の王の神は、持ち物の三叉の矛を振るって猛烈な嵐を起こしました。そのためオデュッセウスの筏は、とつぜん起こった突風と大波によってさんざん翻弄された末に、ばらばらになってしまいました。

だがこのときにオデュッセウスに、有り難い救いの手を差し伸べてくれた、心の優しい女神がいたのです。それはかつてはイオという人間の女で、ディオニュソス神の母セメレの姉の一人だったレウコテアでした。彼女はセメレの死後、ゼウスの命令に従ってディオニュソスの養母の役を務めようとしたために、怒ったヘラによって狂わされ、殺してしまった自分の息子のメリケルテスの死体を抱いて海に身を投げました。だがその悲運を、海神ネレウスの娘のネレイデスと呼ばれる海に住む女神たちが憐れんで、母子共に自分たちの仲間の海神にしてやっていたのです。それでパライモンと呼ばれる神になった息子といっしょに、海難にあった人を助ける働きをするようになっていたこのレウコテアが、海から出てきて、木の葉のように揺れる筏に必死でしがみついているオデュッセウスの側に来ました。そして彼に自分のヴェールを貸し与えて、これを体に巻きつけていれば、けっして溺死することはないので、陸に泳ぎ着いたらそれをまた海に投げ入れて、自分に返すようにと教えてくれたのです。

この教えに従ってオデュッセウスは、筏が解体すると、女神のヴェールを胸の下に巻いて海に飛びこみました。そしてそれから二日二晩のあいだ、猛烈な怒涛にもてあそばれ続けましたが死にはせず、三日目にようやく嵐がおさまったところで、目に見えぬアテナの助けを受けながら、岩礁や切り立った崖の続くスケリア島の海岸に、やっと海に流れこむ河口が一つあるのを見つけ、そこの平坦な浜辺に上陸しました。そしてヴェールを海に返してから、近くの森に入って、そこに生えていた二本のオリーヴの木の茂みの下に、落葉をかき集めうず高く積み上げて寝床を作りました。そしてその落葉の堆積に覆われ、精も根も尽き果て、綿のように疲れ切った体を横たえると、そのオデュッセウスの目に、アテナが眠りを注ぎかけてやりました。

パイエケス人の国でオデュッセウスはまず、えも言われぬほど気高い美しさが不死の女神にまがうほどだった、可憐な美少女と出会い、彼女の乙女心をときめかせることになります。それはこの国の王アルキノオスの一人娘だったナウシカアでした。アテナはオリーヴの茂みの下の落葉の堆積の中に、オデュッセウスを眠らせる一方で、この王女の寝室に行き、眠っている彼女の夢の中に、同年輩で親しかった侍女の姿になって現われました。そしてそろそろ婚期が近づいていた彼女に、婚礼の準備のためにも、翌日に衣類などを騾馬の引く車に載せ、侍女たちといっしょに、町から離れた洗い場に洗濯に行くように言って、誘ったのです。それで翌朝にナウシカアは、父と母に頼んでそのための仕度をすっかり整えてもらい、侍女たちと、オデュッセウスの眠っている場所の近くにあった、その洗い場に行って洗濯をしたのです。そして洗って拡げたものが乾くあいだ、毬を投げあう遊びに興じていました。そろそろみんなが家路につこうとする時間になったときに、アテナの計らいにより、ナウシカアの投げた毬を侍女の一人が受けそこなって、毬は流れの中に落ち、侍女たちがその様子を見て大声をあげたのです。その声を聞いて、オデュッセウスは目が覚めて飛び起きると、とっさに折り取った枝で恥部をようやく隠しただけの丸裸の姿で、繁みの下から這い出しました。そうするとまるで獲物に襲いかかろうとする獰猛なライオンに似たその姿を見て、侍女たちは一目散に逃げ散りましたが、背丈も美しさも彼女たちよりぬきんでていたナウシカアだけは、王女の威厳を失わず、恐れ気を見せずに彼に向きあって立ったままでいました。

オデュッセウスはそれで、持ち前の爽やかな弁舌で彼女に話しかけました、そしてもしも女神なら、お付きのニンフたちを従えた狩猟の女神のアルテミスとそっくりに見えるが彼女はいったいだれなのかと尋ね、もしも人間の娘であるのなら、父母や兄弟が彼女を見るたびに感じる喜びは、まさに絶大であろうし、ましてやがて彼女を妻にする人は、人間のだれよりも幸せであろうと言って、彼女の魅力を、口をきわめて絶賛しました。それからオギュギエ島を出てから二〇日目に、激しい波と風に苛まれながら、ただ一人で裸になってこの地に漂着した自分の窮状を訴え、どうか助けてくれるようにと懇願したのです。

そうするとナウシカアは『オデュッセイア』第六歌の一八七行によればまず、「他所の国のお人よ、お見受けしたところあなたは、下賤なお人とも、愚かな人とも思われません」と言いました、そして逃げている侍女たちを叱って呼び戻して、オデュッセウスの世話をするように命じました。オデュッセウスはそれで流れに入って汚れをすっかり洗い落とし、肌にオリーヴ油を塗って、ナウシカアから与えられた衣服を身に纏ったのです。そうするとその彼にアテナが、まるで熟練した職人が銀の上に黄金を鍍金するのとそっくりに、えも言われぬ美しさを加えてやったので、すっかり見違えるようになったその姿に見惚れたナウシカアは感嘆して、二四二～五行によれば侍女たちにこう言ったとされています。

さっきはこのお人は、みすぼらしくお見かけしたのに、いまでは大空を所有される神々に似ておいでのように見えます。ああ、このような方が、私の夫と呼ばれたら本当によいのに。ここに住まわれ、喜んでこの場所に居着いてくださらないものかしら。

それから空腹だった彼に十分な飲食をさせてから、彼女は彼にこう言いました。自分たちはこれから王宮に帰るので、オデュッセウスも町のすぐ側までは、自分たちの車のあとについてくるように。だが町に入る手前の道の脇に、アテナの神域の林があるので、そこに着いたら彼だけは、ナウシカアのあとについて行くところを町の人々に見られて、彼女が他所から自分の婿になる男を連れて来たなどという、あらぬ噂話をされることにならぬように、一行と別れそこにとどまってしばらく待つように。そして自分たちが王宮に帰り着いたころを見計らって一人で町に入り、すぐに見分けがつく王宮に訪ねてくるように。そして王宮に入ったら大広間を通り抜け、その奥に椅子に座って酒を飲んでいる、自分の父のアルキノオスの前は通り過ぎて、その側で贅沢な紫色に染めた糸を紡いでいる、母の王妃アレテのところにまっすぐ行って、その膝にすがり、故国に帰りたいと願うのなら、そのことを母に嘆願するように。

オデュッセウスはそれで言われた通りに、王女の車のあとについて行き、聖域の林に着いたところで、いったん彼だけがそこにとどまりました。そしてアテナ女神の名を呼んで、「自分がこれから訪ねて行くパイエケス人たちが、自分に好意を持って同情をしてくれるように、どうかお計らいください」と言って、女神に祈願したのです。そうするとこの祈りに応えてアテナは、彼が町へ入ろうとしたときに、雲で包んでその姿がだれの目にも見えぬようにしてくれました。それから女神は、水瓶を持った若い娘の姿でオデュッセウスの前に現われ、彼を王宮まで案内してくれました。そして王妃のアレテが、自分の従兄に当たるアルキノオス王にも心から敬われ、パイエケス人たちからは女神のように崇められているので、王宮に入ったらナウシカアに勧められたようにしてまず彼女に嘆願して、その好意を得るようにすればよいと教えてから姿を消しました。

8　パイエケス人から受けた帰国のための助け

王宮は太陽か月のように眩い光を放つ、豪壮な御殿で、入り口はヘパイストス神によって黄金と銀で造られた、二頭の生きた不老不死の番犬によって守られ、パイエケス人の主だった者たちが、そこに集まって宴会をする広間には、燃える松明を手に持った黄金で造られた若者たちの像が、頑丈な台座の上に据えられて、宴会場が夜も明るく照らされるようになっていました。御殿に隣接して広大な果樹園と畑があり、あらゆる種類の美味しい果実と野菜が、四季を通じてふんだんに収穫されていました。そこにはまた二つの泉が向かいあってあり、その一方は果樹園と畑を潤し、他方は王宮と町に、清水を潤沢に供給していました。

オデュッセウスはそれでしばらくは、周囲の夢のような有り様に感嘆して見惚れていましたが、やがて我に返ると御殿に入り、アテナが彼を包んでくれている雲に隠されたままで、人々がちょうどその日の宴会を終えようとしていた広間を通り抜けて、アルキノオスとアレテのいるところに行き、王妃の膝に両手で取りすがりました。そうするとアテナがそこで、彼をそれまで見えなくしていた雲を消し去ったので、広間にいた人々は、見知らぬ男がどこからともなくとつぜん現われ、王妃にすがっているのを見て、声も出せずに驚嘆するばかりでした。オデュッセウスはそこで、自分が一日も早く故国に帰れるように、どうか計らってほしいと嘆願しました。そうすると側にいた長老の一人の勧めに従ってアルキノオスは、彼にまず晩餐を取らせ、翌日にあらためて盛大なもてなしをした上で、彼の望み通りに故国に帰らせてやるようにしようと提案し、そこにいた一同はそれに賛成しました。

そのあとみなが食事を終え、それぞれの家に眠りに帰って、アルキノオスとアレテがオデュッセウスと共に広間に残ったところで、オデュッセウスが自分に見覚えのある服を着ていることに気づいたアレテが、彼にそのわけを尋ねました。それでオデュッセウスは、自分がだれであるかはまだ明かさずに船と部下をすべて失った上で、たった一人でオギュギエ島に漂着し、そこでカリュプソに助けられ親切にもてなされながら七年のあいだ、夫になれば不老不死にしてやると言われ求愛されたこと。承知せずにいると八年目になったところで、筏で島を出ることを許されたが、一七日間の航海の末にこの国の山々が見えるようになったところで、ポセイドンの起こした激しい嵐にあって筏をばらばらにされ、風と波にもみくちゃにされ疲労困憊しきって、この国の浜辺にたどり着いて眠りこんでしまったこと。目が覚めたところで侍女たちといっしょにいるナウシカアと会い、助けを求めて親切にされ、この衣服を与えられたことなどを説明しました。

そうするとそれを聞いたアルキノオスは、第七歌の三一二～四行によればオデュッセウスにつくづくとこう言いました。

あなたのようにご立派であられる上に、私と同じ思慮をお持ちのお方がここにとどまられて、私の娘を娶られ、私の婿と呼ばれるようになってくだされば、本当によいのだが。そうすれば屋敷も財産もさし上げるのだが。

しかしそのあとですぐに彼は、もしオデュッセウスがそのことを望まぬなら、無理に引き止めることはけっしてしないと言いました。そして彼がどうしてもそうしたいと願うのなら、速やかに無事に帰国させると、約束してくれました。そして自分たちが自在に操る快速の船は、目指す先がどんなに遠方であっても、その日のうちにそこに行き着いて、またこの国に戻ってくることができるので、船に乗ったらオデュッセウスは何もせずに、航海のあいだ横になって眠っていればよいと言ってくれたのです。

翌日になるとアルキノオスはまず、戸外の集会場にパイエケス人たちを集め、みなの賛成を得た上で、王宮で国の貴人たちと共に、オデュッセウスと彼の乗る船を操る役をする五二人の選り抜きの漕ぎ手の若者たちを供応するための宴会を開き、会食のあとでデモドコスという目の見えぬ優れた楽人が、トロヤでアキレウスやオデュッセウスらのギリシアの英雄たちがした目覚ましい活躍を物語った歌を唄って、一同を喜ばせました。その歌のあいだオデュッセウスは深く感動して、自分が泣いているのが分からぬように外衣を頭からすっぽりと被って、何度も落涙しましたが、その様子を見て不審に思ったのは、彼の隣りに座っていたアルキノオス王だけでした。

そのあとでアルキノオスは、戸外で競技会を開きましたが、そこでオデュッセウスが競技に加わるように勧められて辞退すると、エウリュアロスという腕自慢の若者が、「自分たちと競技を争うような柄ではない」と言って、無礼な態度で彼を挑発しました。オデュッセウスはそれで、パイエケス人たちが使っているものよりも大型で厚く、ずっと重い円盤を取り上げて投げ、それまでだれが届かせたのより遥かに遠い地点まで到達させせました。そうするとすかさず、アテナが一人の若者の姿になってその場所までの距離を測ってみせて、みなを驚嘆させせました。それからアルキノオスは、踊りの名手の若者たちに命じて、デモドコスの奏でる竪琴の音に合わせて自慢の演技を披露させました。そのあとに続けてデモドコスは、妻のアフロディテにアレスと姦通をされていたヘパイストスが、両神に手ひどい仕返しをし、あられもない姿を神々の晒し者にして意趣返しをしたという、滑稽な物語を唄ってみなを楽しませました。

それからさらに見事な踊りの披露があったあとでアルキノオスは、自分を含めた一三人のパイエケス人の君主たちがそれぞれ客人にすばらしい贈りものをし、それにエウリュアロスが先ほどの非礼の償いとして、何か贈りものをつけ加えるように提案しました。そしてそれらの品がすっかり集まると、アレテがそれらを大きな櫃に入れ、オデュッセウス自身にその櫃に蓋をさせた上から、紐をしっかり結んで厳重に封をさせました。

そのあとオデュッセウスは入浴し、新しい衣服を着て、宴会にまた加わりに王宮の広間に向かいましたが、その彼の姿にあらためて感嘆してうっとりと見惚れながら、第八歌の四六一〜二行によればナウシカアは、万感の思慕の念をこめてそこで彼にこう言いました。

ではお客様、どうかご機嫌よろしく。故国の地にお帰りになられてもどうか、私のことをお忘れにならないでください。最初にお命をお助けしたのは、私だったのですから。

そうするとそれに対してオデュッセウスは、四六四〜八行によればこう答えました。

お心の広いアルキノオス様の御息女であられる、ナウシカア様。もしおっしゃられたようにいま、ヘラ女神の御夫君であられる雷をはためかすゼウス様が、家に行き着き帰国の日を見ることをかなえてくだされば、そのときには私はその地であなた様に、いついつまでも変わらず日々に、神様に対するようにお祈りをお捧げいたします。あなた様こそ、姫よ、私の命の恩人であられるのですから。

そのあと宴席についたオデュッセウスは、デモドコスからそれまでに聞かされた歌のすばらしさを誉めちぎった上でこの楽人に、トロヤ戦争でギリシア軍が木馬の計略によって、トロヤをついに落城させたときの話を唄ってほしいと要求しました。そしてデモドコスがその要請に応じると、その歌を聞きながら深いため息をつき、涙をとめどなく流したのでそのことに気づいたアルキノオスが、彼にいったいどこのだれで、ここに来るまでにどんな冒険をしてきたのか、自分たちに詳しく話してほしいと頼みました。それでこの依頼を受けてオデュッセウスはまず、第九歌の一九〜二〇行で、自分がラエルテスの息子で、あらゆる種類の術策によって、人間たちのあいだでよく知られ、その評判が天まで届いているオデュッセウスだと言って、名のりをあげました。そしてそのあと三九行から第一二歌にまでわたって、彼がトロヤを出てからこのときまで、一〇年のあいだにしてきたこれまで見てきたような数奇な冒険の話を、物語ることになったのだとされています。

オデュッセウスのその長い冒険談が終わるとアルキノオスは、翌日また宴会を開いた上で、そのあとオデュッセウスを帰国させることにしようと言って、それまでその世にも不思議な話に、魅せられたように夢中でじっと聞き入っていた一同を、いったんそれぞれの家に寝に帰らせました。そのとき君主たちは、翌朝また王宮に来るときには、前にオデュッセウスに贈られて櫃に納められている品に加えて、さらに追加の贈りものとなる青銅製の贅沢な什器などを、各自の家から持参するように命じられたのです。

翌日の朝になって君主たちがそれぞれ、アルキノオスに命じられた品を持参すると、アルキノオスはまずそれらを港に運ばせ、オデュッセウスを送って行くために準備させている船に、自分で指揮をして乗員たちの妨げにならぬように丁寧に積みこませてから、王宮に戻ってまた広間で宴会を催し、一同は豪華な食事とその席でデモドコスが奏でる歌を楽しみました。日暮れになるとその宴が果てるのを待ちかねていたオデュッセウスは、アルキノオスとアレテに丁重な別れの挨拶をしてから港に行き、船に乗りこみました。そうすると船はどんなに速く飛ぶ鳥でもかなわぬほど軽快に海の上をまっしぐらに進んで、オデュッセウスが船尾の甲板の上にしつらえられた寝床で、ぐっすり眠りこんでいたあいだに、翌朝にはイタカ島に着いたのです。

この島にはポルキュスという海神の名に因んで、「ポルキュスの港」と呼ばれている天然の良港になっている入り江があり、その奥の街道から離れたところに、一本の葉の長いオリーヴの樹が生えていて、そのすぐ近くには、水のニンフたちであるナイアデスたちの聖所になっている洞窟がありました。オデュッセウスを送って来た船乗りたちは、この入り江に船を入れ、熟睡しているオデュッセウスを、寝床に入ったままそこの砂浜に下ろしました。それからパイエケス人から彼に贈られたたくさんの財宝を、船から運び出して、オリーヴの樹の根元に、人目につかぬような具合にひとまとめにして置いてから、自分たちはそのままた、スケリア島に帰って行こうとしたのです。

そうするとこの有り様を天上から見ていたポセイドンは、自分の格別の恵みを受けている海の民であるパイエケス人が、彼が目の敵にしているオデュッセウスをこのようにして、贅沢な贈りものといっしょに、故国に帰らせてやったことに対して、かんかんに激昂しました。それでこの船がスケリア島の近くまで来たところで、待ち構えていて石に変え、手の平で海底に打ちつけて岩島にしてしまったのです。それで自分たちの面前でとつぜん、快速の船が動かぬ岩島に変わってしまうのをスケリア島から見ていたパイエケス人たちはポセイドンの猛烈な怒りに震え上がりました。それでアルキノオス王の指示に従って彼らは、それ以上ポセイドンを怒らせぬために、自分たちのもとにやって来る人間を、海を越えて送ってやる役をすることを止めたので、それによってスケリア島と他の人間世界とのつながりは途絶えることになったのです。

9　乞食の姿で果たした館への帰還

その一方で眠っているところを一人だけ残されたオデュッセウスは、やがて目を覚ましましたが、自分のまわりに広がっているのが、子どものときから見慣れている懐かしい故国の風景であることに、しばらくは気がつきませんでした。それはオデュッセウスが帰国したことにだれも気がつかぬように、アテナがあたり一面を、濃い靄で覆っていたためでした。そうしておいて女神は、オデュッセウスがだれかに見られるより前に、まず彼をだれにもけっして見分けがつかぬような姿に変貌させた上で、彼の館でペネロペに求婚している無法な若者たちが、ほしいままに狼藉を働いている有り様をオデュッセウスに知らせておこうとしていたのです。それはトロヤから帰国してすぐに館で騙し討ちにあい、無残な最後を遂げたアガメムノンが陥ったような羽目に、オデュッセウスがあうことがないようにするためでした。

オデュッセウスはそれでパイエケス人たちが自分を、イタカではなくどこか別の土地へ連れて来て、自分に贈られた品といっしょにそこに置き去りにして去ったのだと思い、まず彼らが残して行った財宝を丁寧に点検してみましたが、不足している品は一つもありませんでした。だがそれでも彼は自分がいるのはイタカではなく、どこか異国の地だと思いこんだまま、いく度となく吐息をつきながら浜辺を歩き、故郷を思って悲しみにくれていたのです。そうするとそこにアテナが、容姿が端麗な羊飼いの若者の姿になって、彼の前に現われました。そしてオデュッセウスの質問に答え、彼がいまいるのがまちがいなくイタカであることを教えてやって、彼を大喜びさせました。だが彼は、自分と話しているのがアテナであることには気づかずに、自分がクレタ人で、フェニキア人の船に乗せてもらって航海をしていたあいだに、一人だけそこに置き去りにされたのだという、まことしやかな作り話をしました。

そうするとアテナは、にっこり笑って彼を優しく撫でてやりながら、自分の正体である美しく丈の高い婦人の姿になり、自分が彼を苦境にあるときにいつも助けてやっているアテナであることに、どうして気づかないのかと言って、オデュッセウスを揶揄しました。オデュッセウスはそれで、自分は確かにトロヤではいつも女神の庇護を受けていたし、パイエケス人の国でも有り難い助けを受けたが、トロヤを出てからスケリア島に着くまでの長い冒険のあいだには、どんな危険な目にあったときにも、けっしてアテナの姿を見たことがなかったと言いました。そうするとアテナは、それは息子が目を潰されたことで彼に怨みを抱いている、ポセイドンとの争いを避けるためだったのだと言って、長いあいだあからさまに現われて彼を助けなかったわけを説明しました。そしてたちまちあたりに立ちこめていた靄を消滅させて、第一三歌の三四五〜三五一行によればこう言って、オデュッセウスがいま目にしているのが、見慣れた故国の風景であることを、彼に教えてやりました。

ほらそこが、海の翁ポルキュスの港で、その港の奥のあそこには、長い葉のオリーヴの樹があります。その樹のすぐ近くにある暗く心地よい洞窟が、ナイアデスと呼ばれているニンフたちの聖所で、その岩の屋根で覆われた洞は、あなたがニンフたちに何度も立派な供物を捧げた場所です。そしてあそこに見えているのは、森の生い茂っているネリトン山(=イタカ島にある山)です。

それからアテナはオデュッセウスに指示をして、パイエケス人から贈られた財宝を、ナイアデスたちの聖所の洞窟に運び入れさせると、洞の口を大きな石で塞いで、中の財宝が人目につかぬようにしました。そしてオデュッセウスに彼の館ですでに三年にわたって、ペネロペに不当な求婚をしている者たちが、彼の財宝を饗宴で蕩尽しながら、わが物顔で横暴な振舞いをしていることを説明してやりました。そしてその求婚者たちから彼が、アガメムノンが帰国して惨殺されたような目にあわされることにならぬために、三九七~四〇三行で次のように言われているような、だれにも彼だということが分からぬような変容を遂げさせねばならぬことを、言い聞かせてやったのです。

さてそれでは私は、これからあなたをどのような人間の目にもあなただとは分からないようにします。しなやかな手足の美しい肌は、見る影もないほどひからびさせ、頭に生えている金髪は、すっかり抜け落ちさせ、身に纏っている服は、見る人がおぞましく思わずにいられないようなものにします。そしてこれまではとても美しかった両目も、醜く濁って見えるようにします。そうすればあなたは、求婚者一同に対してはもとより、あなたの妻にも、また館に残している子息の目にも、本当にみっともなく見えるようになるでしょう。

こう言うとアテナはオデュッセウスにそれから、このように老いぼれた乞食に変容した姿でまずまっ先に、豚飼いのエウマイオスのもとを訪ねて、いまでも彼に忠実であり続けているこの下僕に、自分がだれであるかはまだ教えずに、彼から現在のイタカの事情を聞くように勧めました。そしてそのあいだに自分はこれからスパルタに行って、そこでオデュッセウスの行方を尋ねに行ったまま、メネラオスとヘレネから歓待を受け続けている、テレマコスをすぐにイタカに帰国させるように取り計らうと言い、テレマコスが帰ってくる海路の途中には、求婚者たちの企みによって腕自慢の者たちが、彼を討ち取ろうとして船で待ち伏せしているが、その計画は自分が成就させないと約束しました。そしてオデュッセウスをいま言った通りのみすぼらしい乞食の姿に変容させてから、自身はスパルタに向かったのです。オデュッセウスはそれでアテナに言われた通り、彼の豚の群れを飼っている忠実な下僕エウマイオスの住む小屋を訪れました。そして自分がだれで、どうしてこんなみすぼらしい乞食になって、イタカに来る破目になったかということについては、また上手な作り話を案出し説明をして、そこで四日間滞在して、親切な豚飼いの心のこもったもてなしを受けたのでした。

アテナが意図していたのは、スパルタから帰国したところでテレマコスを、館に帰るより前にまずエウマイオスのもとに行かせて、この豚飼いの小屋で彼に、オデュッセウスとの父子の対面を果たさせることでした。それでオデュッセウスがそこにやって来てから三日目の朝に、彼とエウマイオスが朝食の準備をしていると、そこにスパルタからピュロスを経て帰国したばかりのテレマコスが、いっしょに航海をしてきた仲間たちと別れ、一人でこの小屋を訪ねて来ました。彼はそこでとうぜんオデュッセウスと会いましたが、この時点では彼はエウマイオスの説明を信じて、オデュッセウスのことを、豚飼いのもとで客としてもてなしを受けている、他国からイタカに来た乞食だと思いこんだのです。三人が朝食を終えたところでテレマコスは豚飼いにこれから館に行ってペネロペに、自分が無事に帰国していることを知らせて安心させ、そのあとまたここに帰ってくるように依頼し、エウマイオスはその頼みをさっそく果たすために、小屋から出て行きました。

そうするとこのようにしてオデュッセウスとテレマコスが二人だけになったところに、アテナが来て、小屋の入り口に立ちました。オデュッセウスには、その姿がはっきりと見え、エウマイオスが飼っていた犬たちも女神に気づいて恐怖を表わしましたが、テレマコスには女神は見えませんでした。アテナはオデュッセウスに目で合図をして、小屋の外に出て来させ、手に持っていた黄金の杖で彼に触ると、彼はたちまちまた神に見紛うような立派な英雄の姿に戻り、それを見てアテナは天上に帰って行きました。

オデュッセウスがまた小屋の中に入って行くとテレマコスは、さきほどまでとは一変したその姿を見て、最初は神のだれかに違いないと信じて恐れ、彼を伏し拝もうとしました。だがオデュッセウスは、自分は神ではなく、故国を出てから二〇年目にしてようやく帰国することができた、オデュッセウスその人であると言い、自分の容体をこのように、あるときは惨めな乞食に、またあるときは立派な英雄に見せるのは、女神アテナの仕業であることを説明しました。テレマコスはそれでようやく、自分の前にいるのが本当に父であることを納得して、無我夢中でオデュッセウスにすがりつき、父子はしばらく涙を流し大声をあげて泣きあいました。オデュッセウスはそれから息子に、自分がパイエケス人の快速の船で、眠っているあいだに海を越えてイタカに帰って来たことと、彼らが自分といっしょに運んでくれた、パイエケス人から贈られた財宝は、洞窟に隠してあることを説明しました。そしてテレマコスからは、全部で一〇八人の無法な若者たちが、ペネロペに求婚しながら館で彼の財宝を勝手に食い荒らしている有り様を聞き、ゼウスとアテナの加護を受けながら、どうやって彼らを討ち亡ぼすかを、父子で相談したのです。

そこに夕暮れになるとエウマイオスが、二人のもとに帰って来ましたが、そうするとアテナがまた現われてオデュッセウスを杖で打って、彼の姿を老いぼれた乞食に変え、忠実な豚飼いに彼がだれだか分からないようにしました。エウマイオスの報告を聞いてから三人はいっしょに食事をし、その夜は小屋で眠りました。一方オデュッセウスの館では求婚者たちが、自分たちが仕掛けていた待ち伏せが失敗して、テレマコスが無事に帰国したことを知って、くやしがっていました。

翌朝になるとテレマコスはエウマイオスに、自分はこれから母に無事な姿を見せて安心をさせるために急いで帰宅するが、そのあとでその日のうちに彼が、客人の乞食を町まで案内して連れて来るように命じて、小屋を出て館に向かいました。そしてそこに到着すると、安否を気遣っていた息子を狂喜して迎え、両腕で抱き締めて接吻を浴びせるペネロペの歓迎を受け、自分がピュロスでネストルから、またスパルタではメネラオスとヘレネから、どのような心のこもった歓待を受け、またオデュッセウスの消息について、メネラオスからどのような話を聞かされたかを、母に物語りました。

そのあと求婚者たちがそろそろ夕食を取ろうとしているところへ、エウマイオスに案内されてオデュッセウスが、息子以外にはだれにも彼だとは分からぬ、惨めな乞食の姿で、二〇年ぶりに自分の館に到着したのですが、そのときに感動的な出来事が起こりました。このときテレマコスのほかにもじつはオデュッセウスの帰宅に気づいたものがいたのです。それはトロヤに向けて出征したときまで、彼が大切にしていた愛犬のアルゴスでした。このときに主人が不在だった二〇年のあいだに、すっかり老いぼれてしまったこの犬は、だれも世話をする者がなくなりすっかり見捨てられた状態で、汚物の堆積の上に、ダニまみれになった体を、力なく横たえていました。しかしオデュッセウスが来ると、この老犬は嗅覚ですぐに懐かしい主人であることに気づき、尾を振り両耳を垂らして喜びを表現したのですが、もう主人に近寄って行く力は、残っていませんでした。これを見たオデュッセウスは、自分が深く感動した様子をエウマイオスに気づかれぬようにし、さりげなく顔を横に向けて溢れる涙をぬぐいました。そしてエウマイオスに、この犬はどうしてこんな汚物まみれになっているのか、若いときにはどんな犬だったのかと尋ねました。豚飼いは彼に、この犬はいまでは召使いたちも世話をしなくなったオデュッセウスの飼い犬で、かつてはこの犬に追われて逃げおおせる野獣がいなかったほど、優秀な猟犬だったと答えました。それを聞いたオデュッセウスが、豚飼いといっしょに館に入って行くのを見ると、長いあいだ待ちわびていた主人の帰宅を見届けて満足した犬は、オデュッセウス以外のだれにも気づかれずに、そのまま静かに息を引き取りました。

二人が入ってくるのを見たテレマコスは、すぐに豚飼いを自分の側に呼び寄せました。そして食卓の上のパンと肉をどっさり渡して、これを連れて来た男に与えて食べさせ、そのあとは彼に自由に、求婚者たちから施しを求めさせるようにと言いました。豚飼いから渡された食物を食べ終えてから、オデュッセウスが施しを求めながら、一同が食事をしている広間をまわると、他の求婚者たちはそれぞれ彼に食物を与えましたが、彼らの中でもとくに横暴で、みなの頭株のように振舞っていたアンティノオスという求婚者は、施しを求められても何も与えずに、足台を取ってオデュッセウスの右肩に投げつけました。オデュッセウスはしっかりと立ったままで、足台をぶつけられてもよろめきもせずに、ただ首を振っただけでこの侮辱に耐えました。他の求婚者たちは、第一七歌の四八三〜七行によればこう言って、アンティノオスのこの乱暴を非難しました。

アンティノオスよ、あなたが不幸な放浪者を打ったのは、けっしてほめられたことではなかった。もしもこの者がひょっとして、天から降りて来られた神様のどなたかだったら、ひどい災いになるぞ。というのも神々は事実、他国からやって来た余所者に姿を似せるなど、あらゆる姿になられて、人間どもの不正と正しい振舞いを見張りに、町々を訪れられるのだから。

テレマコスは父が打たれたのを見て、ひどい憤慨を覚えましたが、その様子を他人に気づかれぬように、じっと涙を堪えているほかありませんでした。

それからエウマイオスが、食事を終えていったんまた自分の小屋に帰って行ったあとにそこに一人の乞食が現われました。それはイロスと呼ばれ、日頃からイタカの町で物乞いをしていた乞食で、自分と同じ乞食の姿をした老人がそこにいるのを見て、勝手に縄張りと決めていた場所を荒らされていると思い、オデュッセウスをじつは彼自身のものである館から、むりやり追い出そうとしました。それでたちまち二人のあいだに、激しい言い争いが起こり、アンティノオスがその勝負を腕ずくでつけるように、面白がって両名をけしかけました。求婚者たちはみな、二人を戦わせてみることに賛成しましたが、最初はみなが、この勝負はとうぜん、年のより若いイロスの勝ちになると思いこんでいました。ところが格闘のためにむき出した、オデュッセウスの腿や肩、胸、腕がみるからにたくましい上に、それをアテナがだれにも見えぬ姿で彼の側に立ち添って、いっそう頑丈に見えるようにしてやったので、それを見て彼らの考えは変わり、イロスも怖気づいて震え上がりました。勝負が始まるとオデュッセウスは事実、たちまちイロスを一撃で打ち倒して、足を掴んで外へ引き摺り出しました。それを見てアンティノオスをはじめとする求婚者たちは、いっせいに笑いながらオデュッセウスの勝ちを認めて、彼に拍手喝采をしました。

10　ペネロペとの再会と弓の競技

そうするとそこでアテナが、二階の部屋にいたペネロペの心に、降りて行って求婚者たちの前に、姿を見せてやろうという思いを起こさせました。そしてこの決心をした彼女がまだ一人でいるところで、彼女をほんのつかのま眠らせておいて、そのあいだに美の女神のアフロディテが肌に塗るのと同じ、芳しい香油で化粧してやり、いっそう背丈が高くふくよかに見えるようにしてやり、皮膚の色が切り立ての象牙よりも白く輝いて見えるようにしてやりました。こうしておいて女神が立ち去ると、そこでペネロペは眠りから覚め、二人の侍女を従えて二階から求婚者のいるところに降りて行って、ヴェールを頬の前にかざしながら柱の側に立ちました。

それを見て求婚者たちは一人残らずたちまち、まるで魔法にかけられたように、あらためて彼女に対する激しい恋心と欲情に捕えられました。そしてみなが、自分こそこの美女の夫になって、彼女を腕に抱いて寝たいという熱望で夢中になったのです。それでアンティノオスをはじめ彼らはみな、なんとかして彼女の歓心を買おうとして、すぐにそれぞれの家に使いを出しました。そしてめいめいが家から、贅を凝らした衣装や装飾品などを持ってこさせて、彼女に贈ったのです。このとき帰国してからはじめて妃の容姿を目の当たりにしたオデュッセウスは、二〇年前に別れたときよりもいっそう美しく見える彼女が、このようにして求婚者たちの心を悩乱させて、彼らに豪華な贈りものを差し出させている有り様を見て、深い満足を味わいました。

このあと、その日の飲食と歓楽を終えた求婚者たちが、眠りにつくために去り、息子と二人だけになったところで、オデュッセウスはテレマコスに命じて、それまでそこに置いてあった武器を、翌日に求婚者たちの手に渡ることのないように、広間から庫へ片づけさせました。そのあいだアテナが、自分の姿をテレマコスには見せずに、黄金の燭台を持って兜や、盾や、槍などを館の奥に運ぶ二人を煌々と照らし続けてくれていたので、テレマコスは何神のされていることだろうかと訝り、驚嘆しました。

この仕事を終えてテレマコスが、自分も眠りにつくために去ると、一人になったオデュッセウスのところに、ペネロペが二階の居室から降りて来ました。そしてオデュッセウスと向かいあって座り、彼にどこの何者かと素姓を尋ね、自分が大勢の求婚者たちに、死んでしまったに決まっているオデュッセウスの代わりに、自分たちの一人を新しい夫に選ぶよう迫られて、困り果てていること。それで返事を引き延ばすために、オデュッセウスの父ラエルテスの葬いのときに、経帷子に使う布を織り上げるまで、待ってもらいたいと言って、彼らもそのことを承知したので、三年のあいだ、昼間はせっせと織機で布を織っては、夜のあいだに灯火で照らしてそれを解きほぐすことを続けていたこと。ところが四年目に入ったところで、裏切者の侍女たちの手引きによって、求婚者たちに布をほどいている作業の現場を見られてしまい、仕事を仕上げてしまうほかなくなったこと。それでいまでは、もうこれ以上は返事を先に延ばす口実がなくなってしまっていることなどを説明しました。

そうするとオデュッセウスはそこでまた、ペネロペに作り話をしました。そして自分はトロヤ戦争に参戦したクレタ島のイドメネウス王の弟で、一〇年前に兄がトロヤに向けて発ったあとに、風のせいでクレタ島に漂着したオデュッセウスの一行を家に迎えて、一二日間にわたって接待した上で、トロヤ戦争のために送り出したと話したのです。ペネロペはそれで、この話が本当であるかどうか確かめようとして、その時にオデュッセウスがどんな服装と様子をして、どのような家来たちを連れていたかと尋ねました。そうすると、その時にオデュッセウスが身に着けていたと彼が言う衣服は、ペネロペがトロヤに向けて出征した夫のために準備して渡してやった通りのものでした。とりわけ猟犬が二本の前脚で、懸命にもがく子鹿を抑えつけているところを、迫真的に表していたと彼が言う黄金の留め金の描写は、まちがいようのないものでした。その上にオデュッセウスがそのときに、他の家来たちよりも重んじているようだったと彼が言う、エウリュパデスという伝令の容姿も、言われた通りだったので、ペネロペは聞かされた作り話をすっかり本当のことだと信用しました。そして自分につき添っていた、エウリュクレイアという老女の腰元に、このかつて自分の夫をもてなしてくれたことのある、大切な客人の足を洗うように命令しました。

このエウリュクレイアはじつは、オデュッセウスが赤子だったときに、自分の乳房から乳を飲ませて育てた乳母でした。彼女はそれで乳母の本能によって、この余所者の乞食がオデュッセウスを彷彿させると感じていました。それでこの命令をペネロペから受けると彼女は、足を洗うための準備をしながらオデュッセウスに、第一九歌の三七八〜三八一行によれば、顔を手で覆って熱い涙をこぼしながら、感動に震えるおろおろ声でこう言いました。

私の申すことを、お聞きください。これまでこのお館に、さまざまな苦しみをお嘗めになった他国の方々が、大勢おいでになりましたが、これほどよく似たお方をお見かけしたことは、これまでにけっしてありませんでした。あなた様は、お姿といい、お声といい、おみ足といい、オデュッセウス様にそっくりでいらっしゃいます。

それでオデュッセウスは三八三〜五行によれば、彼女に答えてこう言いました。

ああ、ご老女よ。確かに私たち二人を、じっさいに目で見たことのあるお人は、だれでもそう言うのです。二人がおたがいに、とてもよく似ていると。いまあなたご自身が、そのことに気づかれておっしゃられたようにね。

だがこう言いながらオデュッセウスは、このかつての乳母に足を洗わせれば、彼女は自分がオデュッセウスその人であることに必ず気づくと思わずにいられませんでした。なぜなら彼の足にはそのことを彼女に分からせると思われる、はっきりしたしるしがあったからです。

エウリュクレイアはじつは、オデュッセウスにこの名前がつけられたこととも、深い関わりを持っていました。オデュッセウスにはアウトリュコスという名の母方の祖父がいて、パルナッソス山の近くに住んでいましたが、この祖父があるとき、娘が嫁いでいたイタカを訪問しました。このときにオデュッセウスは、まだ生まれたばかりの嬰児で乳母に抱かれていましたが、その赤ん坊をエウリュクレイアは、祖父の膝の上に置いてやって、あなたのお娘御のお子にどうか名前をつけてくださいと、アウトリュコスに頼みました。そうすると彼は子どもに、オデュッセウスという名をつけました。そしてこの子が若者に成長したら、自分のもとに訪ねてこさせるように、そうすれば自分の資産を分け与えて、彼を満足させるからと約束しました。

オデュッセウスはそれで、そろそろ成人になろうとする年齢になったときに、このアウトリュコスの館を訪れ、そこで祖父母や母の兄弟たちから歓待を受け、翌日に伯父たちにつき添われて、パルナッソス山で猪の狩りをしました。そしてこの狩りのあいだに、槍で凶暴な大猪を仕留めましたが、そのときに猪の牙に刺されて膝の上部に、骨までは届かなかったが跡が消えずに残るほどの傷を負いました。彼はその傷をアウトリュコスと彼の息子たちから、手厚く手当てをしてもらった上に、沢山の贈りものを与えられてイタカに帰りましたが、そこで傷痕を家の者たちに見せて、自分がした猪狩りの話をしました。エウリュクレイアはそのときにこの狩りの話を聞き、オデュッセウスの脚の傷跡のことをよく承知していました。オデュッセウスはそれで、彼女が脚を洗いながら傷跡に触れてそのことに気づいても、それがペネロペには知られないようにしようとして、さりげなく座り直して、自分が妃から見えにくいようにしました。

足を洗おうとして手が傷跡に触れると、エウリュクレイアはたちまち愕然として手を放し、洗うための水をすっかり床に流してしまいました。そして泣きながらオデュッセウスの顎に手を触れて、感動に震える声をつまらせながら、三七四〜五行によればこう言いました。

ああ、愛しい若様。本当に、オデュッセウス様でいらっしゃるのですね。私のご主人様に、すっかりお触り申し上げるまでは、私はあなた様だということが、分かりませんでした。

こう言いながら彼女は、オデュッセウスが館に帰ってきていることを知らせようとして、ペネロペの方へ顔を向けました、だがそのときにアテナが、妃の注意を別の所に向けていたので、彼女が老女と目をあわせることはありませんでした。そのあいだにオデュッセウスは、エウリュクレイアを引き寄せて、その口を塞ぎました。そして自分が求婚者たちを成敗するまでは、彼がここにいることをペネロペにけっして知らせてはならぬと言って、厳しく老女を戒めたのです。彼女はそれで、こぼしてしまった水を汲み直してきて、あらためてオデュッセウスの足を丁寧に洗い、その上に油を塗りました。

こうしてエウリュクレイアが足を洗ったオデュッセウスを階下に残して、眠りにつくために上がって行く前にペネロペは、自分の見た夢の話をして、その意味をどう解釈すればよいだろうかと彼に尋ねました。その夢の中で彼女は自分の家で、二〇羽の鵞鳥が水の中から小麦を啄んで食べているのを眺めて、喜んでいました。そうするとそこにとつぜん、くちばしの曲がった大きな鷲が山から飛んできて、全部の鵞鳥の頸をへし折って、殺してしまいました。鵞鳥たちは家の中で、折り重なって倒れており、鷲は輝く高天へ舞い上がって行き、ペネロペはそれを見て、声をあげて泣き悲しんでいました。鷲に自分の鵞鳥たちを殺されて、悲嘆にくれている彼女のまわりには、巻き髪の美しい女たちが集まって来ていました。そうするとそこに鷲がまた舞い戻って来て、屋根の突き出たところに止まり、人間の言葉でこう言って彼女を慰めたというのです。

安心するがよい。遠くまで名の知れたイカリオス（＝ペネロペの父の名）殿のご息女よ。これはただの夢ではなく、必ずその通りになる、めでたい真実のことなのだから。鵞鳥たちは求婚者どもで、この私はさっきは鳥の鷲だったが、いまはあなたの夫で、求婚者ども全員に惨めな死を与えるために、帰ってきたのだ。
この言葉を聞いたところでペネロペは目を覚ましましたが、見まわすと家の中では鵞鳥たちが、さっき夢の中でしていたように、小麦を啄んでいる姿が見られたというのです。
この話を聞いたオデュッセウスはペネロペに、その夢は明らかにオデュッセウスがすぐに帰って来て、求婚者たちをみな殺しにすることを意味しており、この夢を別の意味に解釈することはできないと言いました。そうするとペネロペは、彼にこう言ったのです。

人間が夢に見ることは不確かで、全部がその通りになるわけではありません。人間のもとに来るために、夢が通って来る門は二つあって、一方は角でできており、他方は象牙でできています。象牙の門を通って来る夢は、その通りにはならずに人を欺きますが、角の門を通って来る夢は、見たことをその通りに実現します。自分にはいまお話した夢が、角の門を通って来たとはとうてい思えません。もしそうなら、私にとっても私の息子にとりましても、本当に嬉しいことなのですが。

こう言ったあとにそれに続けてペネロペは、自分はもうこれ以上は求婚者たちに対する返答を、先に延ばすことはしないつもりですと言って、翌朝に彼らがまた広間に集まったところで、そのためにするつもりでいることを、オデュッセウスに説明しました。それによるとオデュッセウスは、トロヤに向けて出陣したときに、愛用の弓を家に残して行きました。イタカにいたときには彼はその弓を使って、離れ技のような「競技（アエトロン）（第一九歌、五七二行）」を、演じて見せていました。館の中に全部で一二の斧を一列に並べて立て、自分はそこから遠く離れたところに立って矢を射て、一矢でその的を射通してみせていたのです。

ここで「斧（ペレキュス）」と呼ばれているのは両刃の斧で、そのまん中には柄を通すための穴が貫通していました。オデュッセウスは一二のそのような両刃の斧を柄から外して、それぞれの斧の柄を通すための穴が、ぴったりと一直線になるように、立て並べた一二本の柄の先端の上に置いたのでしょう。そして離れたところから射た矢で、それらの斧の貫通孔を、すべて射通すという離れ技を演じて見せていたのだと思われます。

ともかくペネロペはオデュッセウスに、翌朝には、オデュッセウスの弓と矢を、大切にしまってある庫の中から出してきて、求婚者たちにそれを使って、オデュッセウスがして見せていた通りの「競技（アエトロン）」を、やり遂げるように求め、そしてそのオデュッセウスの弓にもっともたやすく弦を張り、それで矢を射て一二の斧の的を射通す者を、自分の夫にするつもりだと言ったのです。オデュッセウスはそれで彼女に、その計画の実行をこれ以上は先に延ばさずに、明朝さっそくその通りに実施すればよい、そうすれば求婚者たちのだれかが弓に弦を張って的を射通すより前に、オデュッセウスは必ずここへ帰ってくるだろうからと言いました。そのあとペネロペは二階の部屋へ上がって行って、オデュッセウスのことを思ってさめざめと泣きながら眠りにつきました。階下に残ったオデュッセウスの方は、ペネロペが寝心地のよい床を設えさせると言ってくれたのを丁重に辞退し、牛の皮を敷いた上に何枚か羊の皮を重ねた仮ごしらえの臥所に横になり、外衣を布団のように被って寝ました。

11　求婚者たちの殺戮と裏切者たちの処罰

翌朝になってエウリュクレイアに指揮された女中と下男たちが、広間に求婚者たちを迎えるための準備をしていると、そこにまずエウマイオスが自分の飼っている豚の群れから、三頭の選り抜きの豚を曳いて来ました。彼がオデュッセウスと言葉を交わしていると、そこにこれまでも乞食の姿のオデュッセウスを目の敵にして、機会あるごとに彼に悪罵を浴びせてきた、メランティオスという山羊飼いが何頭かの山羊を曳いてやって来て、オデュッセウスを見るとまた口をきわめて彼を罵りました。そうするとそこに今度は、ピロイティオスという牛飼いが、一頭の牛と何頭かの山羊を曳いてやって来ました。彼との対話からオデュッセウスは、このピロイティオスもエウマイオスと同様に、行方不明になってしまったと思われている主人に対して相変わらず、健気な忠誠心を持ち続けていることを、確かめることができました。

求婚者たちが集まって食事が始まると、この日も彼らは、心中にテレマコスに対する陰険な殺意を抱きながら、オデュッセウスを公然と侮辱することを続けました。求婚者の一人のクテシッポスという男はとりわけ、これが自分から彼に贈る引き出物だと言って、前に置かれていた籠の中から牛の脚を取って、オデュッセウスに投げつけました。だがオデュッセウスはとっさに、首をひねってそれをかわしたので、牛の脚は彼には当たらずに後ろの壁に当たりました。そうするとそれに対してテレマコスは、毅然とした態度でクテシッポスを厳しく非難しました。そして他国から来た自分の客人に対するこのような無礼は、自分の命と引き換えにしても、今後はけっして許さないと言って、求婚者たちを驚かせました。ペネロペはそこで館の奥の庫から、そこに他の財宝といっしょに大切に納めてあったオデュッセウスの弓を、矢のいっぱいつまった矢筒といっしょに取り出して来ました。そしてそれらを持って広間に降りて来ると、両脇に忠実な侍女を一人ずつ従え、ヴェールを頬の前にかざしながら柱の側に立って、第二一歌の六八〜七九によれば、求婚者たちにこうきっぱりと言い渡しました。

厚顔な求婚者の方々よ、どうか私の申すことをお聞きください。あなたがたは長い年月のあいだ、不在にしている男の家に押しかけ居座って、ひっきりなしに食べたり飲んだりされておいでです。そのことの口実にあげることがおできになるのは、ただこの私を娶って、妻にしたいという願望しかおありにならない。それならば求婚者の方々よ、ここにそのための競技を支度いたしましょう。ここに、神のようなオデュッセウスが使っていた強弓を置きます。どなたでもその手でこの弓にもっともやすやすと弦を張り、全部で一二の斧を射通すお方に、私は従ってまいります。私が正式に妻として嫁いできた、資財に満ち溢れたこの本当にすばらしい家を出て。この家のことは、いずれ夢の中でも思い出すことでしょうが。

こう言うとペネロペは、エウマイオスに命じてその弓と矢を、的にする一二の斧といっしょに、求婚者たちの前に置かせました。そうするとまずテレマコスが、父の武器を使う力が自分にあるか知るために、求婚者たちに先立ってその競技を試してみたいと言いました。そしてまず一二の斧を父が的にしていたときと同じように、溝の上にぴったり一直線になるように据えつけました。それを見て人々は、これまでそのやり方を見たことのない彼が、斧をそのようにきちんと並べたことに驚きました。それから彼は、三べん渾身の力をふりしぼって弓に弦を張ろうとしましたが、三度ともあと一息のところで力が足りず失敗しました。それでもまだ彼は試みを止めず、四度目には弓に弦を張ることに成功しそうに見えましたが、そこでオデュッセウスが合図を送って、まだしきりにやってみたがっている彼に、そこまでで努力を止めさせました。

そのあと求婚者たちは、アンティノオスの指示に従って一人ずつ順番に、オデュッセウスの弓を手にして力を試してみましたが、その強弓を曲げて弦を張ることができる者はだれもいませんでした。そのあいだにオデュッセウスは、豚飼いのエウマイオスと牛飼いのピロイティオスといっしょに、いったん館の広間から中庭に出ました。そしてこの忠実な下僕たちに、猪の牙でつけられた脚の傷の跡を見せてやって、自分が彼らが帰国を待ち望んでいたオデュッセウスであることを、教えてやりました。二人はたちまち驚きと喜びに夢中になって、泣きながらオデュッセウスに抱きついて、我を忘れて接吻を浴びせました。そしてこれから始まる求婚者たちとの戦いで、全力を尽くしてオデュッセウスに味方することを約束して、勇み立ちました。オデュッセウスはそれでエウマイオスには、女たちに広間の戸を外側からぴったりと閉めさせて、そこからだれも出さぬようにしておくことを、またピロイティオスには、広間と中庭のあいだの戸口にも閂をしっかりかけて、そこからもだれも出られぬようにしておくことを命令しました。

彼一人だけを除く他の求婚者たちの全員が、オデュッセウスの弓に弦を張ることに失敗したところでアンティノオスは、そこでいったん競技を中断して、翌日の朝から銘々がまた試みてみることにしようと提案しました。そうするとそこでオデュッセウスが、一同の前に進み出ました。そして自分がかつて持っていた力と腕前を、いまでも失わずにいるか確かめてみたいので、弓を自分にも試させてもらいたいと言ったのです。そうすると求婚者たちはみな内心で、この乞食がひょっとすると、弓に弦を張ることに成功するのではないかと恐れました。そしてアンティノオスを先頭にして、彼が分際を弁えずに、自分たちと腕比べをしたいなどという不遜な申し出をしたことに対して、口をきわめて激しい叱咤を浴びせました。

そうするとペネロペは一同に向かって、このテレマコスの客人は競技に成功すれば、自分が彼女を妻にすると言っているわけではない。ただ弓を扱う自分の力と腕前が衰えていないか知りたいと言っているのだから、彼に弓を渡して技量を試させてみるように。彼がもし弓に弦を張って的を射抜くことに成功すれば、自分は彼にいまのみすぼらしい身なりとはまったく違う、立派な服装と武装をさせて、どこへでも彼の望むところに行かせてやることにするからと言いました。ところがそこでテレマコスが、そのペネロペをたしなめる発言をしました。そして問題のオデュッセウスが残していった弓について、いままでは自分が持っているはずの権利を堂々と主張して、母をはじめとする一同を驚かせたのです。彼はその弓をだれに渡しだれに渡さないかを決めるのは、自分のすることで、そのことで自分の持っている権限を否定したり、異を唱えることはだれにもできない。それだからペネロペは、弓をどうするかの決定は、自分とここにいる他の男たちに任せて、侍女たちと共に二階の自分の部屋に、引きこんでいるようにと言ったのです。この息子の言葉と聞いて、それがすべて道理に適っていることに納得したペネロペは、広間に男たちだけを残して、自分は侍女たちを連れて二階に上がりました。そしてしばらくはそこで夫オデュッセウスのことを思って、さめざめと泣いていましたが、やがてアテナが彼女を、甘美な眠りにつかせてやったのです。

広間ではオデュッセウスのもとへ弓を持って行こうとするエウマイオスを、求婚者たちが口汚く罵って止めさせようとしましたが、テレマコスに励まされて豚飼いは、主人の傍らに行きそれを手渡しました。懐かしい弓を手にしたオデュッセウスは、しばらくそれを仔細に点検した上で、苦もなく弦を張り右手で弾いて、美しい音を鳴り響かせたので、求婚者たちは愕然として、いっせいに顔色を変えました。オデュッセウスはそこでたちまち矢を番えて、席に座ったままで、立ち並んでいる一二の斧の柄を通る穴を、ものの見事に射抜いてみせました。それから彼は、身に纏っていたぼろをかなぐり捨て、弓と矢のいっぱい入った矢筒を持ち、躍り上がって広間の入り口の敷居の上に立ちはだかりました。そして足元に矢をばらまくと、第二二歌の五〜七行によれば、求婚者たちに向かってこう叫んだのです。

毒にも薬にもならない競技は、これでおしまいだ。今度はだれも射たことのない、もう一つの別の的を、私が首尾よく射当てて、アポロンから栄誉を授かることができるかどうかを、見てみることにするぞ。

こう言うと彼は、自分がまさか殺されるとは夢にも思わずに、贅沢な黄金の盃を口もとに近づけて、中の酒を飲もうとしていたアンティノオスの咽喉を次の矢で貫いて、彼を射殺しました。それを見て唖然とした求婚者たちは、最初はその矢がアンティノオスを狙って放たれたとは思わずに、てっきり手もとが狂って彼に当たってしまったのだと思いこんで、射手にごうごうと非難を浴びせました。だがオデュッセウスはその求婚者たちを、憎しみのこもった恐ろしい目で、ぐっと睨みつけました。そして「自分がオデュッセウスで、自分がトロヤから帰ってくることはないと勝手に思いこんで、厚顔にも生きている夫のいる妻に言い寄り、ほしいままに自分の財宝を荒らし、召使いの女たちを悦楽の慰みものにしてきた報いに、いまからお前たちはみな殺しにする」と申し渡したのです。

それから彼は矢の続く限り、求婚者たちを次々に射殺しました。そのあいだにテレマコスは武具を納めてある庫に行って、そこから父と自分自身と豚飼いと牛飼いのために、盾と兜と各自に二本ずつの槍を取って来て、三人はその武具を着けて、弓を射ているオデュッセウスのまわりに立ちました。矢が尽きるとオデュッセウスも、盾を肩に掛け、兜を頭に戴き、二本の槍を手に取りました。メランティオスがそこで、自分も庫に行きそこから武具を取って来て、求婚者たちに渡そうとしましたが、エウマイオスに見つかって、縛り上げられて庫の中に吊り下げられてしまいました。

それでもまだ生き残っていた求婚者たちは、相手の四人よりはずっと多い自分たちの人数を頼みにして、手もとにある槍を投げてオデュッセウスたちに必死で抵抗しようとしました。だが女神のアテナが燕とそっくりの姿になって天井の梁に止まって、求婚者たちの投げる槍は的から外させ、穂先を広間の柱や扉や壁に深々と突き刺さって抜けなくなるようにして、他方のオデュッセウスらの投げる槍はすべて狙った相手に命中させた上に、倒れた敵の死骸から抜き取って、また別の標的に投げつけられるようにしたので、求婚者らはじきにみな殺しにされて、血塗れの死体が広間に累々と折り重なって散乱しました。

求婚者たちの殺戮を終え、生き残っている者がいないことを確かめるとオデュッセウスはテレマコスに命じて、エウリュクレイアをそこに呼んで来させました。討ち果たされた求婚者たちの無残な死骸と、そのまん中に全身が血塗れになって立っているオデュッセウスの姿を見て、老女は喜びに我を忘れ、大声で歓声をあげようとしましたが、オデュッセウスはそれを制し、館の女たちの中でペネロペと彼女との指示に従わずに、求婚者たちと愛欲の悦楽に耽っていたのはだれかと、彼女に尋ねました。エウリュクレイアは五〇人いる侍女たちの中で、一二人が求婚者たちと情交を交わしていたと答えました。彼女はそれから自分はすぐに二階に行ってペネロペを起こし、オデュッセウスが帰って来て、求婚者たちをみな殺しにしたことを知らせて、彼女を喜ばせると言いましたが、オデュッセウスは妃を起こすより前に、まずその不埒な侍女たちをここに連れて来て、求婚者たちの死体を運び出した上で、あとの広間をきれいに掃除する手伝いをさせてから、彼女たちが犯した破廉恥な所業に相応しいしかたで死なせるようにと命令しました。

その女たちはそれで、悲痛な泣き声をあげて大粒の涙を流しながらやって来て、オデュッセウスに急き立てられながら、死骸を中庭に出し、食卓と椅子を水と海綿で洗い清め、汚物を戸外に運び出すなどして、広間の清掃をさせられました。その作業を終えると彼女たちは、テレマコスによって中庭の隅へ引き立てて行かれました。そしてそこにあった円形の堂宇のまわりに、足が地面に届かぬ高さにぐるっと張りめぐらされた太綱に、それぞれの首に綱の輪を巻かれ、一列に並べられてぶら下げられ、苦しがって足をばたつかせてもがきながら、罠にかかった小鳥たちのような惨めな格好で、縊死させられました。そのあとにメランティオスも、その場所に引き摺り出されて来て、まず鼻と耳を切り落とされてから、男根を犬の餌食にすると言ってむしり取られるなどさんざんな目にあわされた上で、手足を切断されて殺されました。

12　ペネロペとの秘密のきずなとラエルテスとの父子関係

オデュッセウスはそれから、硫黄と火をエウリュクレイアに持ってこさせて、広間でも中庭でも硫黄を十分に燃やして、屋敷全部を隈なく死臭から浄めました。そのあとエウリュクレイアは喜びの笑い声を抑えられずに、オデュッセウスのことをペネロペに知らせようとして、勢いこみあせって転びそうになりながら二階へと上がって行き、眠っている王妃を目覚めさせて彼女に、待ちわびていたオデュッセウスが、すでに帰って来て館に居り、求婚者たちをみな殺しにしたことを知らせました。だがペネロペは、そのことをすぐに信じようとはしませんでした。老女はそれで、他国から来た乞食だと思われて、館でさまざまな辱しめを受けていた男がじつはオデュッセウスだったので、テレマコスはそのことを知っていたが、父の命令に従って求婚者たちの乱暴狼藉を懲らしめるまで、慎重に隠していたのだと説明しました。ペネロペはそれでその話を聞いて、その乞食だと思われていた男によって、求婚者たちがみな殺しにされたことは納得しました。

そして寝床から跳ね起き、エウリュクレイアをひしと抱きしめて、熱い涙をぽろぽろとこぼしながら大喜びしました。だが彼女はそれでもまだ、そのことをしたのがオデュッセウスだったことは信じずに、求婚者たちの目に余る横暴を罰しに来られた神が、乞食の姿に化身してされたことではなかったかと疑っていました。

エウリュクレイアはそこで最後の決め手として、自分はペネロペに命じられてその男の足を洗ったときに、むかし猪に牙で刺された傷の跡から、彼がオデュッセウスであることに気づいていた。だがそのことをペネロペに知らせてはならぬと、彼に固く禁止されていたのだということを説明しました。そしていますぐに降りて行って、その帰って来ている夫と会うように、彼女に強く勧めました。それで妃はその勧告に従い、広間に降りて行ってそこで相変わらずみすぼらしい身なりでいるオデュッセウスと対面しました、だがこのときも彼女はまだエウリュクレイアの説明によって、その男がオデュッセウスであることを、完全に認めていたわけではなかったのです。

足の傷跡は確かに、エウリュクレイアにとっても、またエウマイオスやピロイティオスにとっても、オデュッセウスが彼自身であることを示す、紛う方のないしるしでした。だがその傷跡がオデュッセウスのしるしであることを知っている者は、この人たちのほかにもまだ何人かいました。それと違ってペネロペとオデュッセウスのあいだには、彼と乳母との関係とも、またエウマイオスやピロイティオスらまったく稀有の忠僕たちと彼との主従の関係とも、いっしょにされてはならぬ、夫婦を固く結びつける、他の何人にもけっして共有されていないきずなが存在していました、傷跡はエウリュクレイアや、エウマイオスやピロイティオスにとっては、オデュッセウスが本人であることのこの上なく確かなしるしでした。だがこのときにペネロペが求めていたのは、そのような多くの人にとってしるしとなるものではなく、夫婦二人だけしか知る者のない、かけがえのない秘密でした。その秘密を彼の口から聞き出すことで、彼女は自分の前にいるオデュッセウスが、まちがいなく本人であることを確認するのと同時に、その彼と自分との夫婦関係、そしてその彼ら王夫婦と支配する国土であるイタカとの切っても切り離すことのできぬ関係を、あらためてこの上なく固いものとして再確認したいと願っていたのです。

ペネロペはそれで、オデュッセウスと向きあって座っても、すぐに彼を夫と認めて抱擁に身を委ねることはせず、テレマコスに無情さを厳しく非難されても、長いあいだ言葉もかけずに、離れたままでいました。そのあいだにオデュッセウスは湯浴みをして、オリーヴ油を肌に塗らせ、美しい衣服を身に纏った上に、頭から美しさをアテナにたっぷり注ぎかけられ、また妻と向きあって、前と同じ席に座りました。そしてかつてのオデュッセウスをペネロペにまさに彷彿とさせるその姿で、自分は妻と同衾はせずに、一人で寝るので寝床を準備してほしいと言いました。そうするとそれまで彼がそう言うのを待ち構えていたペネロペはそこでさっそく、自分たち夫婦の寝室から、オデュッセウス自身が作り上げた寝台を外に持ち出して、その上に彼のために心地よい寝具を揃えさせるように、エウリュクレイアに命令したのです。

この言葉を聞くとオデュッセウスはたちまち、それまで彼が夫であることをなかなか認めようとしない妃に対して彼がとり続けてきた驚くほど忍耐強い穏かな態度をがらりと一変させました。そして顔色を変えて、彼女に激しく反論しました。なぜならペネロペが寝室から外に出すように命じた、王夫婦の寝台は、いま据えられている場所から、動かすことができないはずのものだったからです。オデュッセウスが館を造営したときに、ペネロペと共寝するための寝室を建てた場所には、一本の見事なオリーヴの樹が生い茂っていました。それで彼は、地下にしっかり根を張っていたそのオリーヴの樹の幹を、切り倒さずにそのまま柱の一本にして、王夫婦のための寝台を造ったのです。つまり、その寝台は、だれかがその柱になっているオリーヴの幹を、根元から切り離しでもしないかぎり、だれにもけっして移動することができぬように拵えられていたのです。

そのことを説明して、王夫婦の寝台を移動させることができないはずだと指摘したオデュッセウスの抗弁こそ、ペネロペがオデュッセウスの口から聞くのを待ち望んでいた言葉でした。なぜなら問題の寝台が、このようにイタカの地にしっかりと根を張っていて、そのことがその上で寝て交合する王夫婦の支配を国土に固く結びつける確かなきずなになっていることこそ、寝台を作ったオデュッセウス自身とペネロペのほかにはだれも知っている者のいない、彼ら夫婦だけの秘密にほかならなかったからです。それでこの言葉を聞くや否やペネロペは夢中になって、まっしぐらにオデュッセウスに駆け寄りました。そして両腕を彼に投げかけ、夫の額に熱い接吻を浴びせながら、第二三歌の二〇九～二一〇行によれば、「オデュッセウス様、どうか私のことをお怒りにならないでください。あなたは何についても人間の中で、だれよりもよくものが分かっておいでなのですから」と言って、自分のそれまでのかたくなな態度を夫にわびたのです。そして自分たち夫婦のほかに知る者のいない寝台についての秘密を、彼の口から聞かされたことでいまこそ自分にも、彼はまちがいなくオデュッセウスであることが確信できたと言いました。

その貞淑な妻をオデュッセウスも、満腔の愛情をこめて、泣きながらしっかりと抱きしめました。それから二人は寝室に入り、臥床の用意の整えられた寝台の上で、二〇年ぶりの同衾をして、心のゆくまで心地よい愛の交わりに耽ったのですが、この交合には明らかに何重もの意味がありました。二人がそこで交合した寝台にはすでに見たように、二人のほかには知る者のない秘密があることで、夫婦の固いきずなを表わす意味がありましたが、その秘密が寝台が不動である事実だったことではこの寝台にはまた、その上で結ばれる王夫婦の関係の不動性を表わす意味がありました。そしてその柱の一本がイタカの地中に深く根づいていることではそれは、その上に眠る王夫婦と彼らの支配する国土との切っても切れぬ結びつきを表わしていましたが、そのことはまた、その上で遂げられる王と王妃の交情が、王国の国土の豊穣と、そこに住む家畜の群れの多産と繁殖と、国民の繁栄の保証となっていることとも、深く関係していました。ペネロペとの同衾と交合はそれ故、オデュッセウスに、そのような何重もの意味で、ペネロペの夫でイタカの王である自分自身を取り戻させることになったわけです。

情交のあとでオデュッセウスはペネロペと、なお長いあいだ同衾したまま、睦まじい夫婦の語らいを続けました。ペネロペは求婚者たちに自分が苦しめられてきた有り様を夫に物語り、オデュッセウスはトロヤを出てからこれまで自分がしてきた数奇な冒険の話を、妻に詳しく話して聞かせました。そのあいだアテナが、曙の女神エオスに二頭立ての馬車で東の空に現われて世界に夜明けをもたらすことを許さずに、夜を長く続かせて、二人に十分な語りあいをさせたのです。その語りあいのあと彼らは、甘美な眠りに捕えられて、肢体にも心にも、疲労と苦悩からの心地よい安息を味わいました。彼らが眠りに満ち足りたと思われたときに、アテナはそこではじめて曙の女神エオスを馬車で東天に出現させて、世界に夜明けをもたらさせました。それで寝床から起きたオデュッセウスはペネロペに、求婚者たちに費消された家畜などの埋めあわせは、自分がすぐに十二分につけると約束し、あらためて館と資産の監督をしてくれるように依頼しました。そして自分はこれから父のラエルテスに会いに出かけるので、そのあいだに二階で侍女たちといっしょに、だれが訪ねて来ても会わず口もきかずに、自分の帰りを待つようにと言って、武具を身に纏い、武装したテレマコスと豚飼いと牛飼いを連れて、館を出て行ったのです。

テレマコスの父で、エウリュクレイア、エウマイオス、ピロイティオスの主人で、そして何よりもペネロペの夫である自分の地位を十全に回復したオデュッセウスには、このときまだ彼が元通りの自分自身になるために、ぜひとも取り戻さねばならぬ肝心な関係が残っていました。それは、父ラエルテスと彼との父子の結びつきだったのです。ラエルテスはこのときまだ、オデュッセウスが帰国したことも、彼が求婚者たちに対して仇討ちを遂げたことも知らずにいました。それは息子が行方不明のようになってしまったことを悲しんだ彼が、館から遠く離れた自分の農園に引きこもって、町とは交渉を持たずに暮らしていたためでした。それでそのラエルテスと対面し彼と自分の父子の関係を確認するためにオデュッセウスは、息子と二人の忠義な下僕たちを連れて、そのラエルテスが一人の老女の世話を受けながら、少数の下僕たちといっしょに、その下僕たちと区別がつかぬようなきわめて質素な暮らしをしている、農園に向かったのです。

そこに着くと彼は、息子と下僕たちにラエルテスが住居にしている家に入って行って、夕食の支度をしておくように命じ、自分は果樹園に行って、そこで見るからに粗末な身なりをして、たった一人で樹の世話をしている老父を見つけました。その姿を見ると彼の目には涙が溢れ、すぐにも駆け寄って抱いて接吻し、自分が帰国したこととそのあとにやり遂げたことを話して聞かせたい気持ちでいっぱいになりましたが、無理にその思いを抑えました。そして粗末な服装のせいで父を、だれかの下僕と思い違えているふりをしながら彼に、自分は他国から来た旅人で、かつてイタカのラエルテスの息子だという人物を、客として家に迎えて親切にもてなした上に、沢山の贈りものを与えて送り出したことがあるのだが、自分がいまいるところは、その人の住処であるはずのイタカなのだろうかと尋ねたのです。そうするとラエルテスは泣きながらオデュッセウスに彼がいまいる場所は確かにイタカで、自分はその彼の客だった男の父親のラエルテス本人なのだが、彼に親切を受けた自分の息子は行方不明で、恐らくどこかで死んでしまったまま、自分たちから葬式も受けられずにいるので、かつて受けた厚遇に相応しい返礼もできないという事情を、縷々と説明しました。そして彼がその不幸な息子を客として迎えてもてなしてくれたのは、いつのことだったかと尋ねました。オデュッセウスはそれで、それはいまから五年前のことだったと答えました。そして第二四歌の三一一〜四行によれば、「不幸せなお人だ（デュスモロス）」と言って、彼の身に起こったとラエルテスから聞かされたことを心から慨嘆してみせながら「そのときには、彼が出発するときに右手の方角に、縁起のよい鳥が飛ぶのが見られたので、私も喜んで彼を見送り、彼も嬉しがりながら出て行ったのです。我々両名はそれで心に、この先も主人と客同士として親交を持ち、すばらしい礼物を贈りあおうと期待していたのですが」と、さも無念やる方なさそうに声をつまらせて言ったのです。これを聞くとラエルテスの嘆きは、まさに極限に達しました。その有り様は三一五〜七行に、こう描写されています。

彼（＝オデュッセウス）がこう言うと、その人（＝ラエルテス）をたちまち、苦悩の黒い雲が包んだ。それで彼は両手ですすけた灰を掴み取って、何度も呻き声をあげながら、白髪頭の上から振りかけた。

そうするとこれを見てオデュッセウスも、もうそれ以上は自分を抑えていられなくなりました。この時の彼の反応は、三一八〜三二二行にこう言われています。

彼の心は激しく動揺し、愛しい父のこの姿を見て、彼は鼻の奥に突き通るような鋭い痛みを覚えた。それで彼は跳びついて抱きしめて、父に接吻してこう言った。「父上、ここにおりますこの私自身が、あなたが尋ねておいでのその男なのです。私は二〇年目に、やっと故国へ帰って来たのです」。

それから彼は、自分が館ですでに、求婚者たちをみな殺しにして来たことを父に告げました。そうするとラエルテスは三二八〜九行によれば、そこでオデュッセウスに対してこう言いました。

もしもここに来られたあなたが、本当に私の息子のオデュッセウスであるのなら、そのことを私が信じられるように、はっきり分かるしるしを、私におっしゃってください。

オデュッセウスはそれでまず、母方の祖父アウトリュコスのもとで狩りをしたとき、猪の牙でつけられた足の傷跡を父に見せました。だが彼がラエルテスに対して示すことができた自分が彼の息子であることの「はっきり分かるしるし（セマ　アリプアラデス）」は、じつはそれだけではなかったのです。彼とペネロペのあいだに、夫婦二人だけしか知らぬ、寝台についての秘密があったのと同様に、ラエルテスとのあいだにもオデュッセウスは、この父とその一人息子である自分のほかにはだれも知る人のいない「はっきり分かるしるし」を持っていました。なぜならいま果樹園で見事に育っている、一三本の梨の樹と、一〇本のリンゴの樹と、四〇本の無花果の樹と、それに五〇列のブドウの樹は、オデュッセウスがまだ小さな子どもだったときに父が、それらをオデュッセウスのものにすると約束しながら、一本ずつについて説明してくれて植えた木だったからです。それでオデュッセウスは、そのときにラエルテスから聞かされた、一々の木についての説明を、自分がオデュッセウスであることの「はっきり分かるしるし」として、父に語って聞かせることができたのです。

そうするとラエルテスはこの「しるし」を聞き、それによってオデュッセウスがまちがいなく自分の愛息子であることを知って、喜びのあまり気を失いかけ、立っていられずに倒れそうになったところを、息子にしっかり抱きかかえられて支えられました。こうしてオデュッセウスは、ラエルテスが彼の不在の二〇年のあいだも、丹精をこめて立派に育ててきてくれた果樹園を、あらためて父と自分のもので二人をつなぐきずなとして、はっきり確認しました。そしてそれと同時に、そのラエルテスのかけがえのない一人息子である自分自身も、二〇年の歳月の隔たりを越えて、彼を父と固く結びつけている、この生きたこの上なく確かなきずなによって、取り戻したわけなのです。

オデュッセウスがこのようにして、ラエルテスの一人息子である自分自身を取り戻したことは、ラエルテスにも同時に、そのときまで彼がまるですっかり亡失してしまったように振舞っていた、イタカの王である息子の父親としての彼自身の地位を、あらためてはっきり確認させることになりました。オデュッセウスに促されて彼は、テレマコスと豚飼いと牛飼いが夕食の準備を整えて彼らを待ち受けている家に入り、彼をそれまで下僕たちと区別がつかぬように見せていた、農作業のための粗末な衣類を脱ぐと、その彼の世話をしている老女が主人を入浴させて、肌にオリーヴ油を塗り、貴人に相応しい美しい服を着せました。そのあいだアテナが、人間の目には見えぬ姿で側に立っていて、彼の四肢に精気をみなぎらせ、背丈と容姿を、それまでよりもより高くより美しく見えるようにしました。入浴と着つけを終えて現われた、不死の神とも見紛う父の姿を見て、オデュッセウスは第二四歌の三七三~四行によれば、「ああ、父上、永遠に在す神のどなたかがあなたを、お姿もご体格もより立派に見えるようになさってくださったのですね」と言って、感嘆しました。そうするとその彼に向かって、体力と共にかつての英気まで取り戻したラエルテスは、前日にオデュッセウスが求婚者たちと戦ったときに、もし自分が彼の側にいたら、敵を何人も倒して息子を喜ばすことができたのにと言って扼腕し、そうできなかったことをしきりに悔やんだと言われています。

13　イタカの国民との和合に支えられることになったオデュッセウスの地位

そうしているところへ、ラエルテスに命じられた仕事を果たすために、それまで外に出かけていた下僕たちが家に帰って来ました。それはラエルテスの世話をしている老女の夫でもある、老人のドリオスと彼の六人の息子たちで、そこににこやかにほほ笑んでいるオデュッセウスを見て彼らは、仰天してしばらく呆然として声も出せずにいました。だがそのドリオスにオデュッセウスは三九四〜六行によれば、こう言って優しい言葉をかけてやりました。

ああ、爺やよ、驚くのは止めて、食事の席に座っておくれ。ともかく私たちはもう長い事、この家であなたがたのことを待ちながら、食事に早く取りかかりたくてたまらない思いをしているのだから。

そうするとドリオスはたちまち、オデュッセウスに駆け寄って、狂喜して彼の手を取り接吻して彼の無事な帰国を祝い、彼の息子たちもみな父に倣って、オデュッセウスに心からの帰国の慶びを述べました。それから彼らは、一同で食事を楽しんだのですが、そのあいだに求婚者たちが帰国したオデュッセウスによってみな殺しにされたことが、国中に知れ渡りました。前日には彼らを殺戮したあとでオデュッセウスは、そのことが館の外部にいる人々に知られぬように、テレマコスに命じて陽気な音楽と舞踏の物音を、館から騒がしく鳴り響かせていました。外でそれを聞いた人々は、館の内であった惨事には夢にも気づかず、ペネロペがようやく求婚者の一人を夫に選んだので、その婚礼の祝いが行なわれているのだと思いこんでいました。だがこの日には、オデュッセウスらがラエルテスの農園を訪れていたあいだに、「うわさ」の女神のオッサが四方八方に飛びまわって、求婚者たちの死を至るところに知らせていたのです。

彼らの縁者らはそれで泣きながらオデュッセウスの館の前に集まって来て、それぞれの身内の死者の遺骸を運び出して、葬儀のために家に持ち帰り、他所から来た求婚者たちの遺体は船に載せて、それぞれの住処の土地に送り届けられるようにしました。そのあとで縁者たちは、今後の処置を相談するために集会場に集まりましたが、そこでオデュッセウスにまっ先に殺されたアンティノオスの父親のエウペイテスがまず立って、すぐにオデュッセウスのもとに押し寄せて行って、殺害に対する復讐をしようと主張しました。そうするとそれに反対して、この事態を引き起こした責任は、求婚者たちの横暴が目に余るもので、そのことが指摘されていたのに、それを止めさせることができなかった、彼らの父たちにあるという主張がされ、またこのことでオデュッセウスが、神のだれかの助けを受けていたことが、明らかだという者もありました。それでそこに集まった人々の一部は、エウペイテスの言には従わずにその場に残りましたが、それより大勢の人々は喊声をあげ席を蹴って、急いで家に走り帰って武装に身を固めてまた集まって来ました。そしてエウペイテスを先頭に立てて、オデュッセウスのもとに攻め寄せようとしたのです。オデュッセウスが帰国したイタカではこのようにして、いまにも血で血を洗う争闘が起ころうとしました。その有り様を天から見たアテナは、第二四歌の四七三～六行によれば父神のゼウスに向かって、こう尋ねました。

クロノスの御子で至高の王者であられます、私たちのお父上よ、私のお尋ねいたしますことを、どうかおっしゃってください。いまお心の内に、どんなご存念を隠し持っておいでかを。これから先も不幸な戦闘と、恐ろしい紛争を起こされるのですか。それとも両者のあいだに、和合をもたらされようとされるのですか。

そうすると四七八～四八六行によれば、ゼウスはその問いかけに、こう答えました。

わが娘よ、どうしてそのようなことで、私に意見を求めて質問するのだ。オデュッセウスが帰って来て、あの者たちを厳しく膺懲するというのは、もともとあなた自身が考えたことではないか。そのあとのことは、あなたの望む通りにすればよいのだ。ただ私からも、どうするのが適切かを、あなたに言っておこう。神のようなオデュッセウスが、求婚者どもへの報復を果たしたのであるから、彼ら（オデュッセウスとイタカの人々）は、犠牲を捧げ固い誓いを立てて、オデュッセウスは末永く王位を保つがよい。われらは息子たちや兄弟を殺戮された者たちに、その恨みを忘れさせてやろう。それで彼らには以前と同様に、たがいに睦みあいながら、富と平和を十分に享受させてやることにしよう。

これを聞いてアテナには、自分がオデュッセウスのためにいまからしてやろうとしていることが、父神の意思と完全に一致していることが、はっきりと確かめられました。それで喜んだアテナは、さっそくそのことを実現するために、オリュンポスから大急ぎで、イタカへ降りて行きました、そこでは食事を終え、敵がすぐ間近まで攻め寄せて来ているという報告を受けたオデュッセウスらが、オデュッセウス自身とテレマコスと豚飼いと牛飼いに、ラエルテスとドリオスと彼の六人の息子を加えた総勢一二人で武装して家から出て、敵を迎え撃つ体制を取っていました。そこに女神が来臨したことに気づいて喜んだオデュッセウスは、五〇六～九行によれば、こう言ってテレマコスを激励しました。

テレマコスよ、いまこそ勇士たちがたがいに戦いあって、だれが最良の士であるかを決する場に、お前自身が参入する時が来たのだ。父祖の家名をけっして辱めぬことを示す、覚悟ができていような。父祖たちは古来、武力と勇気にかけて、全地上で卓越する者たちだったのだ。

そうするとそれにこたえてテレマコスは、五一一～二行によればこう言いました。

愛しい父上よ、お望みならばおっしゃられた通りに、この気概をもって、家名をいささかも辱めぬことを、お目にかけましょう。

この父子のあいだのやり取りを聞いて、ラエルテスの喜びは頂点に達しました。五一四～五行によれば彼はこう言って、その思いを表明しました。

愛しい神々よ、今日のこの日は私めにとって、何という有り難い日なのでしょうか。本当に、この上なく嬉しいことです。息子と孫とが、武勇にかけてこのように競いあってくれるのですから。

そうするとそこでアテナは、そのラエルテスに、先ほどから彼がそうしたいと熱望していた通りに取り戻した力と英気を息子と孫の前で発揮して見せる、華々しい手柄をあげさせてやりました。女神に励まされ、力を吹きこまれて、彼は先頭に立って敵勢を指揮しているエウペイテスに槍を投げつけると、それは見事に兜を貫通して、一撃で敵を倒しました。これによって総崩れになりかけた敵勢に、オデュッセウスとテレマコスが襲いかかって、そのままでは彼らをみな殺しにしてしまいそうな勢いに見えましたが、アテナはこれ以上の流血が続くことを望みませんでした。女神はそこで、五三一～二行によれば、こう大音声に叫んで人々に戦闘を止めさせたのです。

イタカの者たちよ、悲惨な戦いを止めよ。この上の血は流さずに、すぐに引き分けて事を終わらせるのだ。

この女神の叫び声を聞いて、寄せ手の者たちはみな恐怖で蒼白になり、震える手から武器を地面に取り落として、命からがらいっせいに逃げて行こうとしました。オデュッセウスは勇ましい雄叫びをあげて、彼らを追撃しようとしましたが、そこでゼウスが天から投げた雷が、アテナ女神の前に落下しました。アテナはそこで、自身が先ほど父神の口から確かめたことを、オデュッセウスに知らせました。このあと長くイタカの王であり続けるオデュッセウスと、イタカの国民とのあいだに、これ以上の争いをなくし、両者が固い誓いを交わした上で睦みあい、富と平和を享受し続けることが、ゼウスの意志であることを知らされたオデュッセウスは、喜んでアテナ女神の指示に従ってそこで戦いを止めました。アテナはそれで、戦おうとしていた両軍に、固い誓いを交わさせて争闘を止めさせ、両者を完全に和解させたのです。オデュッセウスはこうして、彼の理想的な統治の下に繁栄する国の王で、長くあり続けることになったわけです。

オデュッセウスはついに、ラエルテスの嗣子で、テレマコスの父で、ペネロペの夫で、縦横の機略（メティス）の評判が天まで届いている英雄のイタカの王である自分自身を、完全に取り戻しました。そのために彼は、もし望みさえすれば永遠にわたって沈溺し続けることができた、美貌の女神の夫となって過ごす快楽の暮らしときっぱりと訣別し、最後には惨めな死を遂げねばならぬ人間の定めを自分のものにしなければなりませんでした。しかしカリュプソとの情愛に耽り続けることは、彼にとって世界から完全に忘却されて、人間のあいだで彼が持っている存在を、すべてなくしてしまうことを意味していました。そのことを彼が断固として拒否し、万難を排して死すべき英雄である彼自身を取り戻したおかげで、彼がメティスを駆使して人間の世界の外においても成し遂げた数奇な冒険のすべては、人々のあいだで詩に歌われて、記憶され続けることになりました。そしてその結果われわれは『イリアス』と並んで二大叙事詩の一つとして、ギリシア文学の冒頭を飾る傑作の詩『オデュッセイア』を持つことになったわけです。

『イリアス』に英雄の理想像として描かれたアキレウスと、いろいろな点で対照的に違ってオデュッセウスは、古代ギリシア人がメティスと呼んだ知謀を縦横に発揮して、奇想天外な大活躍をします。このようなオデュッセウスを、アキレウスをその表側の代表者とする英雄のもう一つの、いわば裏側の手本として持つことで、ギリシア神話の英雄の世界はわれわれを、いやが上にも惹きつけて止まぬ魅力に溢れるものになったわけです。

第三部　他の神々と正反対の働きをしたディオニュソス

1　生まれ故郷テバイへの到来

三大悲劇詩人の一人、エウリピデスの最晩年の大作である『バッコス信女たち』は、この詩人が紀元前四〇八年からマケドニア王アルケラオスに招請されて、前四〇六年に客死するまで滞在していたこの国の首都ペッラで書かれた四篇の劇の一つです。そして、その中の現存する『アウリスのイピゲネイア』および失われたもう一篇の劇（『コリントのアルクメオン』）と共に、アテネでは前四〇五年の大ディオニュシア祭で、三部作として最初に上演されて優勝しました。その冒頭でディオニュソスはこの劇の合唱隊である彼の信仰に帰依した信女たちを、リュディアから連れてやって来た祭司の扮装をして、テバイの王宮の前に現れます。そして次の台詞を述べて、彼がそこに出現したわけを説明します。

ここにテバイ人どもの国に到来したのは、だれあろう。かつてカドモスの娘セメレが、稲妻の火焔の燃えさかる中に分娩し産み落とした、ゼウスの息子ディオニュソスであるぞ。神であるわが身を、死すべき人間の姿に変じて、ディルケの流れとイスメノスの河水の岸辺にやってまいった。

彼処の宮殿のすぐ側にはほれ、雷で焼かれた母の墓所となっている彼女のかつての住居の残骸が見えている。いまもなお消えずに燃え続けているゼウスの火焔のくすぶる煙からは、わが母に対するヘラの消えることのない怒りの激しさが、まざまざと見て取れる。

この区画を、みだりに足を踏み入れてはならぬ、娘を祀る聖所に定めたのは、カドモスの賢い分別であった。そのまわりをすっかりブドウの房の垂れた緑の蔓で覆ったのは、このわれのしたことだ。

われはリュディア人らとフリュギア人らの黄金に富んだ地を離れて、ここにまいった。また太陽の炎暑に灼かれるペルシア人らの住む平原と、町の周囲に城壁をめぐらしたバクトリアと、冬の寒さに荒寥としたメディア人らの住む地と、繁栄するアラビアと、それに塩水の海に面して、ギリシア人らと夷狄の者たちの大勢が混じりあって暮らす、美しい塔のそびえる町々が並ぶ、アジアの全地をへめぐって来た。そしていよいよギリシアの地に来て、まっ先にこの市にまいったのだ。

かのアジアでは舞踏を広め、わが祭りを創設し、正真の神であることを人間どもに明らかに知らしめた。そしてこのヘラスの地では、まず最初にテバイに子鹿の皮を身に纏わせ、蔦の槍である霊杖を手に持たせ、われを呼ぶオロリュゲーの喚声をあげさせたのだ。それと申すのもここでけっしてあってはならぬことが起こったからだ。なんと母の姉たちが、われディオニュソスがゼウスの子ではないと公言した。セメレはだれか死すべき人間の男と通じて、孕んでおきながら、カドモスに知恵をつけられてその密通の相手がゼウスだったと言い張った。それでその姦淫を詐った罪で、ゼウスに殺害されたのだなどと、とくとくとして申し広めたのだ。

それ故にわれは、彼女らに狂気の棘を突き立てて苦しめ、家をさすらい出させた。彼女らは心狂い、わが祭りの衣装を纏うことを強いられて、山中に住まいしておる。それだけでなく、カドモスの市に住む女たちも一人残らず、狂わせて家から離れさせた。彼女らはカドモスの娘たちと共に、緑の松の下の露天で、岩を褥にしている。

この市は望むと望まざるとにかかわらず、わがバッコスの祭りに帰依せずにいることが、どれほどの過ちであるかを思い知らねばならぬ。われはここにわが母セメレがゼウスの子として産んだ、正真の神であることを、死すべき者たちに明らかにして、母の汚名をそそごうとしてまいったのだ。

カドモスはすでに、王の位と権力とを娘の子であるペンテウスに譲り渡している。だがそのペンテウスは、神であるわれに対して公然と刃向かって、供犠の場からわれを締め出した上に、祈りのどこでもけっしてわが名を唱えることをせぬのだ。それ故その彼とテバイに住むすべての者たちに、われが生まれながらの神であることを、はっきりと知らしめてやる。そしてそのことをここで首尾よくし終えたのちには、歩みをまた別の地に向けて、そこでもこのわれ自身が何者であるかを示してやるのだ。

もしもテバイの市がこのことを怒って、バッコス信女らを武力で山から連れ戻そうとするなら、われは自らが狂女らを指揮して彼らと合戦をする所存でおる。そのためにわれは、死すべき人間の姿に身を変じ、わが外見を人間に見えるようにしているのだ。

そしてこれだけのことを述べてからディオニュソスは、リュディアから彼にそこまで従って来た女たちに、こう言って呼びかけます。そしてその上で自分はその場から、いったん退場します。

リュディアの拠点の山トゥモロスをあとにして、信女の群れをなしてまいった、われに帰依した女たち、夷狄どものもとからわれが率いて来た、共に旅をしてまいった伴侶の者たちよ。母神レアとわれが考案し、フリュギアの地の名物となった、鼓を高く掲げ持って、このペンテウスの王宮のまわりに来て鳴り響かせて、カドモスの市にその様を見せてやれ。そのあいだにわれはキタイロンの山襞に行き、そこにいるバッコス信女らの踊りの仲間入りをして参るから。

2　二度の受胎と出生

ここでディオニュソス自身の口から言われているように、この神をギリシア神話のほかの主要な神たちとははっきり区別している際立った特徴は、彼が最高神ゼウスの息子の正真の神であるのに、母はセメレという人間の女で、しかもまだ未熟な胎児であったときに、その母の腹からいったん分娩され、そのあとに父神ゼウスの体内に入れられて、そこから二度目の誕生を遂げたとされていることです。ゼウスがテバイの王カドモスの娘の一人で、絶世の美女だったセメレを愛人にして、ディオニュソスを妊娠させたことを知ったゼウスの妃のヘラ女神は、猛烈に嫉妬し、こう言って烈火のように激怒しました。

人間の女のくせに、ゼウス様の子を身ごもるなんて、そんなだいそれたことをした女を生かしておくわけにはいかない。ゼウス様にも、私を裏切るとどうなるか思い知らせるような死に方で、殺してやらなければ。

こう決心するとヘラは、セメレを赤子のときから愛情をこめて育てた乳母の姿になって、テバイの王宮にやって来ました。そうするとだれよりも自分に忠義だったむかしの乳母の訪問を喜んだセメレは、すっかり心を許して、自分がゼウスの愛を受けて妊娠していることを、彼女に打ち明けたのです。

その告白を聞くとヘラは、さも忠義顔をしながら、心配そうに眉をひそめて、こう言いました。

それが本当だとよろしいのですが。でもヘラ様というお妃がおありのゼウス様が、そうかるがるしく、人間の女のところにしのんでこられたりなさるでしょうか。確かにあなた様は、神々の王の愛人になられても不思議ではないほどお美しい。そのことは私が他のだれよりもよく知っています。でもやっぱり心配です。そのゼウス様だと言って、あなたのところに通ってくる男は、神様の正体を、あなたに見せたことがありますか。ゼウス様なら、とうぜんそれがおできになるはずです。できないとすればその男はただの人間であるのに、自分をゼウス様だとあなたに信じこませ、あなたの貞操をもてあそんでいるのです。そんなことがあると思いたくはないのですが、もし万一にもそうであれば大変です。そういう可能性もけっして絶無ではありません。何しろあなた様のお美しさの評判を聞き、どんな手段を取ってでも近づきたいと思っている男は、それこそ世の中に、星の数ほどいるのですから

だれよりも信頼しているむかしの乳母にこう言われると、セメレの心にも、自分の愛人になっている男が、本当にゼウスであるのか、疑わしく思う心が芽生えました。そうするとヘラは「これはやはり、その男が本当にゼウス様であるかどうか、確かめておかれた方がよいと私には思えます」と言って、そのための方法を、こう言ってセメレに教えたのです。

こんどそのゼウス様だと言っている男が来たら、「神のお姿を見せてください」と、お願いしてごらんなさい。でももしかするとずるい男で「人間の前で、神の正体を現すわけにはいか

ない」などと言って、言いのがれしようとするかもしれません。でもそんな言いのがれはできないようにする、よい方法があります。冥府に湧くステュクスという泉があり、その神聖な水にかけてたてた誓いはたとえ神様でもけっして破ることができないのです。ですからこんど男が来たら、まずステュクスの水にかけて、頼みをどんなことでもかなえると誓わせた上で、「ゼウス様の正体を見せてください」と願ってごらんなさい。そうすればもしゼウス様なら必ずそうなさるはずです。もしもそうしなければ偽者だということがはっきり分かるでしょう。

ヘラのことを、本当にだれよりも自分をかわいがってくれている乳母だと信じ、信用しきっているセメレには、このことばたくみな勧めが、たいそうもっともに思えました。それで彼女は、次にゼウスの来訪を受けたときに、言われた通りにしたのです。セメレの口から、「もしゼウスなら神の正体を見せてほしい」という頼みを聞くと、ゼウスはびっくり仰天して言いました。

いとしいセメレ、いくらおまえの頼みでも、これだけはどうしても聞くわけにはいかない。そんなことをすれば、おまえの身の破滅になる。私の正体に、人間はけっして耐えることができないのだから。だからこの頼みだけは、どうかすぐ取り消しておくれ。その他のことなら、ステュクスの水にかけて誓った通り、何でもきっとかなえてあげるから。

だがゼウスにこう言われるとセメレには、前にヘラから言われたことと考えあわせて、自分の愛人が本当にゼウスなのかが、ますます疑わしく思えてきたのです。それで彼女は、ゼウスに何と言われても、頼みを取り消そうとはしませんでした。

かわいそうなセメレ、おまえにこんな馬鹿な知恵をつけたのがだれかは分かっている。ヘラの仕業だ。だが、しかたがない。お前がどうしても、そうしてほしいと言い張るのなら、頼みの通りにしよう。ステュクスの水にかけて立てた誓いは、このゼウスにも、破ることはできないのだから。

ゼウスはこう言うと、あわれみのこもったまなざしを、セメレに注ぎながら、彼女の面前で、神々の王の正体に返ってみせたのです。セメレは手に燃えさかる雷を持つゼウスの灼熱に、一瞬も耐えることができずに、たちまち焼け死んでしまいました。だがこのとき彼女の腹の中でディオニュソスはすでに、六か月の胎児に成長していました。ゼウスはそれで、焼け死んだ愛人が流産したその胎児を、火の中から大切に取り上げて、自分の太腿に傷口を開け、その中に縫いこみました。そしてその子にそこで順調な成長を続けさせて、生まれるときになると、縫い目を解いて彼を取り出したのです。それでその結果ディオニュソスは、最初は人間の母に懐妊されたにもかかわらず、けっきょく父神の体から、二度目の誕生を遂げたわけです。

ギリシア神話にはよく知られているように、男の神が人間の女を愛人にして生まれた子どもや、女神が人間の男と関係して産んだ神の子が、少なからず登場します。だがそのような片親が人間である神の子たちは、不死の神ではなく、どんなに傑出した英雄であっても、人間としての運命と生をまっとうしたのちに、最後には必ず死なねばならなかったとされています。その中でディオニュソスだけは、母は人間の女でしたが、途中からもっとも尊い神である、父ゼウスの体内に移されて育てられ、最終的にはそこから生まれ出ました。それで片親が人間である他の神の子たちと違って、彼だけはまったく例外的に、生まれながらにして世にも尊い、正真正銘の不死の神だったわけです。

3　女神にされる人間の女たち

このようにして自分の体から出生させたディオニュソスを、ゼウスは使者の役をする神のヘルメスに預けて、オルコメノスという町に運んで行かせました。この町の王の名はアタマスで、そのお妃のイノはセメレの姉の一人でした。セメレには、ディオニュソスがテバイに来たときにすでに老齢になっていたカドモスから譲位されてこの市の王になっており、ディオニュソスに反抗してこれから見るような凄惨きわまりない罰を受けたとされているペンテウスの母親のアガウェの他に、このイノとそれにアウトノエという二人の姉がいました。エウリピデスの『バッコス信女たち』では、この三人のカドモスの娘たちはこのときそろってテバイにいて、ディオニュソスの残酷な罰を受けたことになっていますが、ピンダロスにも知られている神話の標準的な形では、イノは嬰児だったディオニュソスの養母の役を務めたために、これから見るような悲惨きわまりない目にあった末に、一転して不死の女神にされるという、破格の処遇を受けたことになっているのです。

ヘルメスから赤子のディオニュソスを渡され、「死んだセメレに代わってこの嬰児を養育するように」という、ゼウスからの命令を伝えられるとイノは、自分の甥であるこの子を、真心をこめて育てようとしました。ところがヘラがこのことを知ると、また烈火のように怒って、アタマスとイノを発狂させました。この夫婦のあいだには、レアルコスとメリケルテスという、がんぜない二人の息子がありましたが、狂ったアタマスの目にはレアルコスが鹿にしか見えなくなったのです。彼はそれで、おびえて泣き叫ぶこの子を、矢で射殺してしまいました。

一方のイノの方はメリケルテスを、熱湯の煮えたぎっている釜の中に投げこんで殺しました。それから彼女は、メリケルテスの死体を抱いて、海へ身を投げたのです。だがこの可哀想な母子の運命はそれで終わりにはなりませんでした。慈悲深い海の女神のネレイデスたちが、彼らを憐れんで、イノをレウコテアという海の女神に変え、メリケルテスもパライモンという海神にしてやったので、母子はけっきょく、神々の仲間入りをすることができたからです。

第二部で見たように、レウコテアは『オデュッセイア』の第五歌に、レウコテエと呼ばれて登場して、カリュプソの島から乗ってきた筏をポセイドンに破壊されて、溺死しそうになったオデュッセウスに不思議な力を持つヴェールを貸し与えて助けたことを歌われています。そこでも彼女は三三四〜五行では、「前には人間の声を出す、死すべき人間だったのに、いまでは塩水の海で、神々の仲間に加わる栄誉に浴している」と歌われて、かつて人間の女だったのが、いまでは女神の列に加わっている運命の異常な破格さを強調されています。

だがこのように人間の女だったのが不死の女神になるという、ギリシア神話で通常にはけっして起こりえないとされている事件は、ディオニュソスを主人公にする神話の中では、けっしてイノの身にだけ成就された異常事ではないのです。イノの妹で、ゼウスに愛されてディオニュソスを懐妊したセメレも見たように、そのことでヘラの猛烈な嫉妬を受け、この女神の悪だくみのせいで、ゼウスの雷の火で焼かれて惨死を遂げました。だがディオニュソスは、ギリシア中に自分の信仰を広めて、有力神としての地位を確立したのちに、地下の死者の国に降りて行き、冥界の王ハデスに、セメレを生き返らせることを承知させました。そして彼女を天に連れて行って、テュオネという名の女神にしてやったと物語られています。

もとは人間の女だったのに、ディオニュソスという世にも尊い神の一方は生母、他方は養母の役をつとめさせられ、そのことが原因でどちらも悲惨な死を遂げたのに、最後には一転して不死の女神の列に加えられることになった、この姉妹たちの運命の不思議さをピンダロスは『オリュンピア競技勝利歌』の第二歌二節で、こう歌って嘆賞しています。

わが言葉の語るのは、
美しい玉座に坐す、カドモスの娘たちのこと。
彼女らは、大きな苦難を嘗めたが、
しかし、その悲しみの重さは、
それよりいっそう大きな至福によって、消滅した。
長い髪のセメレは、
雷鳴の轟く中で、死んだが、
オリュンポスの神々のあいだで、暮らしており、
パラス（=アテナ）に、常に愛され、
父なるゼウスにも、寵愛され、
木蔦を持つ息子にも、愛されている。
そしてイノもまた、海中において、
ネレウスの海に住む娘たちのあいだで、
永遠に続く、不滅の生を得たと言われる。

それだけではありません。ディオニュソスはさらに、クレタ島の王ミノスの娘で、これも人間の女だったアリアドネを妻に娶りました。それで彼女はゼウスによって、不老不死の女神の地位を与えられたのだとされ、そのことがヘシオドスの『神統記』九四七〜九行には、こう歌われています。

黄金の髪のディオニュソスは、ミノスの娘の金髪のアリアドネを、
花咲き匂う、妻に娶った。
それでその彼女を、クロノスの子が、不死で不老にしてやった。

ディオニュソスの妻にされたときにアリアドネは、怪物のミノタウロスを退治しにクレタ島にやって来たテセウスが、この難事を彼女の助力を受けて果たしたあと、ミノタウロスがそこに閉じこめられていた迷宮から、彼が脱出するのを助けてやり、この英雄の妻になるために、彼といっしょにアテネに行こうとして、海を渡っている最中でした。だが航海の途中でナクソス島に立ち寄り、そこで疲れきって眠っているあいだに、ディオニュソスが彼女の美貌に目を止め、一目で魅惑されて、テセウスに命じて、正体をなくして熟睡している彼女を、そこに置き去りにさせました。そして彼女が目を覚まして、一人ぼっちにされてしまったことに気づいたところに、豹の

引く車に乗り、信女たちの群れを引き連れて姿を現し、天に連れて行って妻にしたのだとされ、それでアリアドネはディオニュソスの信女たちから、自分たちの女王のこよなく尊い女神として、崇められることになったのだとされています。

だが『オデュッセイア』第一一歌の三二二〜五行には、アリアドネがアテネに向かって航海して行く途中で、そこで彼女を妻にしようとしていたテセウスから、ディオニュソスによって奪われたのは、このような標準的な所伝に言われているのとは違う、凄惨なやり方で起こったことであったように物語られています。それによると「テセウスは、残忍なミノスの娘アリアドネを、クレタから神聖なアテネの丘に連れて行こうとしたが、そこで彼女と夫婦の歓楽を味わうことはできなかった。それより前にアルテミスが、海に囲まれたディエの島で、ディオニュソスの指示を受けて、彼女を殺害したからだ」と言うのです。

ここで言われている、テセウスが自分の妻にするために、アテネに連れ帰ろうとしていたアリアドネを、ディオニュソスがアルテミスに殺させたという血腥い出来事の詳細が、具体的にどのようであったかは不明です。だがディオニュソスと深い結びつきを持つ人間の女が、そのことで不死の女神になる至福は、このアリアドネの場合にも、彼女がその前に悲惨な死を遂げることと、裏腹の関係を持っていたとされていたことが、このホメロスの所伝からは窺われるわけです。

ディオニュソスはこのように、最高神のゼウスを父としその体から出生した、だれよりも尊い神でありながら、人間の女と結びつき、その胎児、あるいは乳飲み子、また夫になるなどして、彼女たちと親密きわまりない関係を持ちました。そうすると彼の生母、乳母、妻などになったその女たちは、いったんはそのことで狂わされたり、破滅を遂げても、けっきょくは人間の境地を脱し不死の女神になるという、通常には起こりえない無上の至福を味わうことになったとされているわけです。

4 信女たちの身に起こった神との同化と自然界との融合

しかもディオニュソスにこのような至福を体験させられたのは、神話の中で彼の生母や乳母や妻になったことを物語られている、これらの女たちだけではありませんでした。この神に帰依し密儀に参加する女たちは、祭りの中でこの神と自分たちの区別がつかのまなくなり、彼女たち一人ひとりが人間には通常は体験することのできない「神の至福に与るもの（マカル）」になる、無上の幸せに酔い痴れていたのです。エウリピデスの『バッコス信女たち』の中で、さきほど見たディオニュソスの呼びかけに応じて舞台に登場して来る、リュディアからのこの神に率いられてやって来た信女たちから成る合唱隊は、彼女たちが神によって体験させられるその幸福のことを、入場歌の七二〜七七行で、こう歌って讃えています。

ああ、至福なる者、幸運に恵まれ、
神の密儀を、教授されて、
生を、神聖なものとし、
魂を、信女の群れに参与させて
山中で、神の許したまう浄化を遂げ、
バッコスに、狂う者は。

ここでまず「至福なる者」と訳した語マカルは、たとえば『イリアス』第一歌の三三九行で「至福な神々に対しても(プロス　テテオン　マカロン)」、「死すべき人間たちに対しても(プロス　テ　トゥネトン　アントゥロポン)」と言われて、神々を人間たちからはっきり区別する形容詞として用いられていることから分かるように、本来は死すべき(トゥネトス)人間には味わうことのできぬ、不死の神々の境遇を意味しています。フランスのギリシア学の泰斗であるフェステュジェール神父はそれでこの「マカル」を端的に、「神々のように幸せな者」と訳し、その真意をさらに敷衍すれば「ときわに幸福であり続ける、神々のように幸せな者」を意味するとしています(以下の引用はすべてA. J. Festugiere, "Erudes de religion grecque et hellénistique (Paris) 1992によります)。あフェステュジェールによれば、合唱隊の信女たちは、この一語によって自分たちが、神にしか味わえぬはずの至福を、人間の身でしかも生きながら、ディオニュソスによって体験させられていると宣明していると思われるわけです。

次に「好運に恵まれ」と訳したエウダイモンは、この語の日常的な語義の通りに、「幸福な」という意味に解したのでは、これもフェステュジエールが言うように七二行が、「幸福な者はだれでも（ホスティス　エウダイモン）、幸福（マカル）である」という、ほとんど意味を成さないことを、言っていることになってしまいます。ですからフェステュジエールはこの語はここでは「善き神霊（ダイモン）を付与された」という、エウダイモンの語源的意味に則った使われ方をしているとし、「神に善い分を恵まれた」と訳し、その善い分とは、ディオニュソスとの交わりの中に生きる好運のことにほかならないとしています。

神と共に生き、神の至福を体験させられる信女たちの状態は次に、「神の密儀を教授されて」と言われています。ここで「教授されて」と訳した語エイドスは、「教えられて知っている者」を意味し、ここでは明らかに、入信者をエイドスと呼んで、密儀の秘密を教授されていない「不知者（アマテス）」と区別した密儀宗教の述語的用法に従って使われています。

信女たちの味わっている至福は、次の四行でさらに、三個の動詞とその補語によって、敷衍的に説明されています。まず「生を、神聖なものとし」と訳した中で用いられている動詞ハギステウエインは「俗」と切り離され、聖化、聖別されたハギストスな状態にあること、またそのように振舞いまた生きることを意味します。「生を」と訳した語は、厳密には関係の対格で、直訳すれば「生き方に関して」の意味に解するのが、もっとも自然だと思われます。

次に「魂を、信女の群れに参与させて」と訳した中で用いられている動詞ティアセウエスタイは、受動態で「バッコス祭儀集団（ティアソス）のメンバーにされる」意味とも、より強く中動態で、「自分をそうする」という意味とも解することができます。また「魂を」と訳した語は、これも関係の対格で、文字通りには「魂に関して」の意味です。

そしてこの「魂に関して、ティアソスに加わる」ということの具体的な有り様を述べたのが、次の二行で、ここで用いられている「バッコスに狂う者は」と訳した分詞バッケウオンを、フェステュジェールは「バッコスと帰一し」と訳し、その意味は敷衍すれば「バッコスの神と同化し、彼と緊密に合一した状態にある」ことだと言っています。つまり信女はディオニュソス＝バッコスと、密儀の中で完全に同化し、自分が一個の女バッコスに成り切る不思議を体験するわけです。

信女らが人間の身で、しかも生きながら神と親しく交わり、神と同化して、生きた人間には味わえぬはずの神的至福＝マカリアに酔い痴れるこの奇跡の成就する場所は「山中で」と言われている、人里から遠く離れた山の中で、そこで彼女らは「神の許したまう浄化を遂げて」、その状態に到達します。清浄な神と触れあうためには人間はとうぜん、俗世の汚れを祓い清くなっていなければなりませんが、ここで「浄化を遂げ」と訳したカタルモイシンは、そのことを可能にする清めの儀礼です。その前につけられている「神の許したまう」と訳した形容詞ホシアイスは、その浄化が、『バッコス信女たち』の三七〇～二行で、「黄金の翼を持って、大地の上をあまねく飛びかける尊い女神」であるといわれているホシアつまり「神の掟」によって、許されるものであることを意味しています。
それではその信女たちに山中で、人間の身で生きながら神と同化し、神的至福を味わうことを可能にする神の許したまう浄化の儀礼とは、具体的にはいったいどのようなものだったかと言えば、そのことは『バッコス信女たち』の合唱隊の入場歌の終わり（一三五〜一六八行）に、こう歌われて説明を与えられています。

山中にて甘美なる神、
疾駆する信女の群れに先立ち行きて、地に身を投げ
子鹿の聖なる衣を纏いて、
牡山羊を狩り取り、血を流して殺し、
生肉を食う喜びに耽りたまう、そのとき、
フリュギアの、またリュディアの山へ、飛び翔り行きて、
いまぞわれらを率いたまう、ブロミオス、エウ、オイ。
大地には乳が流れ、また酒が流れ、また蜜蜂らの神酒（ネクタル）が流れる。
シリアの香を焚く煙のごとき、芳香がただよい、
バッケウスの神は、あかあかと燃ゆる松明の火を、高く掲げ持ち、
茴香の杖を振って、突進に駆り立て、

行方の定まらぬ者らを、疾走と舞踏で狂奔させ、
叫び声により、飛走させる。
嫋かな髪を、高空へと振り乱して。
そして信女たちのエウ、オイの叫びに答え、かく大音声に、呼ばわりたまう。
「おお、来れ、信女らよ。
来れよ、信女ら。
黄金の流るる、トゥモロスの峯の栄えさながらに、
ディオニュソスを、讃えて歌え。
轟きわたる、太鼓の音に合わせて、
エウ、オイの叫びをあげ、エウ、オイの神を崇めよ。
フリュギアの叫びと、喚声をあげ、
響きよき、聖なる笛が、
聖き調べを、響きわたらせるとき、
山へ、山へと、ひたすら向かう、信女らの群れの動きに伴奏して」。
すると信女は、喜びに震え、
さながら母駒と共に、牧で草を食む、子馬のごとく、
早足で、跳躍しつつ足を運ぶ。

宗教的神秘体験の文学的表現として、白眉を成すと思われるこの歌に、実に如実に描写されているように、信女らは群れを成し、人里を遠く離れた山奥へ行って、そこで笛や太鼓を喧しく鳴り響かせて、フリュギア風の音楽を奏で、狂乱して歌い踊り疾走し、叫び声をあげて神を呼びます。すると見たように神話によれば、雷鳴の轟く中で母胎から最初の誕生を遂げたとされている、轟音ブロモの神であるブロミオスは、信女たちの祭りのなかでも、この喧騒の最中に示現し、彼女らの眼には、松明を掲げ持ち杖を振って自分たちを歌舞と狂乱と疾走に駆り立てる神の姿がありありと見え、自分たちに命令するその声がはっきりと聞こえます。そして祭りが頂点に達すると、女のように長い髪を信女らと同様に振り乱し、彼女らと同じ子鹿の皮を着たこの神は、信女の群れに先駆けてあたりにいる獣に飛びかかって捕え、生きたまま八つ裂きにして、血の滴る生肉を食う。「八つ裂き（スパラグモス）」と「生肉食い（オモパギア）」の凄惨な儀礼に先鞭をつけ、信女らも獣を八つ裂きにして殺して生肉を食う、甘美な喜びに耽らせます。そして信女たちは、神があたりに漂わす、その臨在の紛うかたのないしるしの芳香を嗅ぎ、大地が自然に清水でも、乳でも、酒でも、蜂蜜でも自分たちのために湧き出させてくれる奇跡を体験するのです。

『バッコス信女たち』の合唱隊の入場歌の結尾において、ディオニュソスの密儀の有り様をこのように、それを主観的に体験する信女たちの立場に立って、簡潔に描写してみせたエウリピデスは、同じ劇の六六〇行以下では一転して、信女らの狂態を外から観察する機会を持った人物を登場させて、その内容をずっとより詳しく物語らせています。キタイロンの山中で、バッコス信女たちになっているテバイの女たちと出会い、まのあたりに見たその真に異様な振舞いを、ペンテウスに報告しにやって来たこの牛飼いの男は、六八〇行以下でその信女たちが、アガウェとその二人の姉をそれぞれのリーダーとする三つの組に分かれ、疲れ切って木陰の地面に倒れ伏して眠っていたと述べたあとで、その女たちの様子を「正体をなくし無警戒であっても、慎しみを保っており、あなた様がおっしゃられるように、混酒器からの酒に酔い、笛の響きに踊らされて、森の茂みに別れ別れになって、それぞれがキュプリス女神（＝アフロディテ）の淫楽を追い求めた女たちでは、けっしてありませんでした」と言います。

この劇の二一五行以下で、そこで舞台に初めて登場したペンテウスは、ディオニュソスの祭りが自分の支配するテバイでこれ以上広まるのを断固として阻止する決意を表明し、その冒頭でこう述べています。

この地をしばらく留守にしていたが、聞けば国は奇怪な災いによって紊乱させられているとのこと。女どもがバッコスの祭りと称して家を離れ木深い山中を駆けまわり、ディオニュソスとかいう新来の神を崇め、踊り狂っているという。踊りの中央に、酒をいっぱいにみたした混酒器を据え、それぞれが別々に人気のない場所にこっそり身を潜めては、男どもの欲情に奉仕して、口では神に仕えるバッコスの信女だなどと称しているが、その実はバッキオスより、アフロディテにうつつをぬかしているそうな。

つまりこの血気さかんな青年王は、彼が憎悪して止まぬディオニュソスの密儀がてっきり、女たちを山中で飲酒と性的放縦に耽らせるきわめてみだらなものだと思いこんで、その迫害にやっきとなっているわけですが、この牛飼いの報告はまず、このような王の勝手な想像が、彼が実際に目撃したバッコス信女たちの様子とは、まったく相違していると明言しているわけです。牛飼いの報告によればこのあとアガウェは、牛の声により目覚めて信女らの中央に立ち上がり、大声をあげて彼女たちに「起きよ」と命令しました。すると信女たちは、老いも若きもまだ未婚の処女も、深い眠りから覚めていっせいに飛び起きましたが、その一糸乱れぬ様子を牛飼いは感嘆して、「見るも驚くほどの規律のよさでした(タウミデイン エウコスミアス)」と言っています。それから起き上がった信女たちはそのあとさっそく六九五行以下に次のように言われているような奇妙な振舞いをし、不思議な奇跡を起こして、見ている牛飼いとその仲間たちを唖然とさせました。

まず髪を肩まで垂れるにまかせておいて、小鹿の皮の結び目の解けた者は、みな結び直し、そのまだらの皮に、彼女らの頬を舌で舐める蛇を帯の代わりに締めたのです。中には鹿や獰猛な狼の子を腕に抱いて、白い乳を与えているものたちもありました。まだ子を産んだばかりで、乳房が張っているのに、その嬰児を置き去りにしてきた者たちです。木蔦に樫、それに花の咲いたミラクスで編んだ冠を頭に戴き、一人が霊杖を取って岩を打つと、そこから甘露のような清水が噴出しました。また別の女が、茴香の杖を地面に突き刺すと、その場所に神は、ぶどう酒の泉を湧き出させました。白い飲物を飲みたいと思う者たちには、指先で地面を掻けば、乳が流れ出ますし、木蔦を絡ませた霊杖からは、蜂蜜の甘い流れが滴り落ちました。

この始めに「髪を肩まで垂れるいまかせておいて」と言われていますが、古代ギリシアの女たちは、平常は髪を後頭部にまげの形に束ね、それをミトラ（mitra）と呼ばれるヘッドバンドで留めていました。バッコス信女たちは、このように髪を結うことをせずに、前に見た『バッコス信女たち』の合唱隊の入場歌の中で、彼女たちのあいだに姿を示現して親しく信女たちの狂態の指揮を取るディオニュソスについて、「嫋やかな髪を、高空へ振り乱して」と言われていた、その神の姿とまったく同様に、垂れるにまかせておいて、激しい運動につれて振り乱すのです。そして彼女たちは、これも同じ入場歌の中で、ディオニュソスが「子鹿の聖なる衣を纏いて」と言われているのとまったく同様に、子鹿の皮ネブリス（nebris）を通常の衣服の代わりに着て、さらにその上に生きた蛇を、帯の代わりに締めます。

バッコス信女たちのこのような異様な出で立ちは、彼女たちがディオニュソスと同化しているのと同時に、「解放者（リュアイオス）」と渾名されたディオニュソスによって、人里から自然の中へ連れてこられた彼女たちが、そこで結髪や衣服によって象徴される人間文化の束縛と規範から、文字通り解放されて、自然と完全に融合した状態にあることを表わしています。野獣の皮を身に纏い、帯の代わりに締めた蛇が頬を舐めるにまかせることによって、彼女らは人間の境涯＝モイラを離脱して、野獣との同化を遂げているので、そのことは次に言われている、彼女らの中の授乳中の赤子を家に置き去りにしてきた母親たちが、鹿や狼の子に乳を与えるという振舞いによって、いっそう生々しく表現されています。ぶどうと共にディオニュソスのもっとも愛好する木蔦や、その他の野生の植物で編んだ冠を頭に載せ、先端に松の実をつけ、木蔦を絡ませた、バッコス祭儀につきものの霊杖（テュルソス）を手に持つことにも同様に、信女らと自然の融合状態を表わす意味があったことが、明らかだと思われます。

このようにして信女たちが、自然と融合し野獣との同化を遂げると、そこにたちまち、合唱隊の入場歌で「大地には乳が流れ、また酒が流れ、また蜜蜂らの神酒（ネクタル）が流れる」と言われていた、まさにその通りの奇跡が現出します。つまり信女たちは、清水でも酒でも乳でも蜂蜜でも、ほしい飲食物を大地がいくらでも湧き出させてくれる不思議な体験をするので、これはまさしくヘシオドスの『仕事と日』一一七〜九行に次のように歌われている、最古の人類の種族だった黄金の種族の人々が、太古に享受していたという至福の状態の再現にほかなりません。

豊穣な大地は、有り余る豊かな実りを、自然に産出した。
それ故、あり余る良い物に恵まれて、彼らは、喜びと平和のうちに、肥沃な地上に住んでいたのである。

この黄金の種族の人間たちが地上に住んでいたのは『仕事と日』一一一行によれば「まだクロノスが、天上の王であった時代のこと」で、彼らの暮らしは一一二行には、「まるで神のよう（ホス テ テオイ）だった」と言われています。つまり彼らはゼウスの支配下に、あらゆるものに画然と区別が定められ、分モイラが割り当てられて、それを逸脱することの許されない、現在の世界の秩序コスモスが確立されるよりも前の時代に生きていた人でした。それでこの太古の人類が生きた時代には、神々と人間の違いも、まだいまほど明確に定まっておらず、彼らは死すべき人間でありながら「まるで神々のように（ホス テ テオイ）」、ほしいものはすべて労せずに手に入れ、「心配を知らぬ心を持ち、労苦から免れ（一一二〜三行）」、「あらゆる災いから遠く離れ、饗宴の愉楽に耽って（一一五行）」、暮らすことができたとされているのです。

5 プロメテウスとゼウスのやり取りによって定められたモイラの区別

このように神と人間の分化がまだ不完全で、区別が曖昧だった状態に終止符が打たれたのは、ヘシオドスによれば、彼の現存する二篇の叙事詩『神統記』と『仕事と日』に共通して物語られている、太古にゼウスとプロメテウスのあいだでされた、一連のやり取りの結果だったとされています。

ゼウスは彼より前の世界の統治者だった父親のクロノスと、クロノスを王としていっしょに世界を支配していたティタンと呼ばれる太古の神たちと、ティタノマキア（ティタンたちとの戦い）と呼ばれる熾烈な戦争を一〇年にわたってした末に勝ち、クロノスとティタンたちを縛り上げて、天と地が隔たっているのと同じだけ大地から遠く離れたところにある、タルタロスという暗黒界に幽閉しました。そしてクロノスに代わって、神々の王として世界を統治することになったとされています。プロメテウスはティタンの一人のイアペトスの息子で、彼の長兄のアトラスは、それてろって力自慢の巨漢だったティタンたちの中でも、並外れた巨躯と怪力の持ち主でした。それでゼウスのもっとも手強い敵として、ティタノマキアでティタンたちを指揮して戦った末に負けると、タルタロスに幽閉された他のティタンたちとは違う特別の罰をゼウスから受けました。大地の西の涯に立ち、頭と両腕で片時も休まずに、天が大地の上に落下してこないように支え続ける苦役に、つかせられたのです。

だがこれらの父や兄たちと違ってプロメテウスは、ティタノマキアでティタンたちの側について、ゼウスと戦うことはしませんでした。なぜなら「先見の明（プロメテイア）」の持ち主を表わすプロメテウスという名前に言われている通りに、彼は将来に何が起こるかを察知できる明敏な知恵の持ち主でした。それでティタンたちにアトラスの怪力があっても、ゼウスとの戦いに力ではけっして勝つことができないことを、正しく見通していたからでした。

ですから彼は、予め負けることが決まっているティタンたちのゼウスに対する戦いには加わらずに、自分をゼウスの味方であるように見せかけていました。そしてゼウスに、自分を信頼できる友だと思いこませておいて、力では勝てぬゼウスに対して、自分がもっとも得意にしている悪知恵、狡知を存分に発揮して知恵比べの勝負を挑み、一敗地に塗れさせてやろうとして、その機会を虎視眈々と窺っていたのです。

ティタンたちとの戦いに勝ち、クロノスに代わって世界の統治者になったゼウスが、それまで曖昧だった神々と人間の違いをはっきり定めることにすると、プロメテウスはいまこそゼウスに一泡吹かせる絶好のときだと判断しました。なぜなら神々と人間の違いは、ゼウスが世界に確立しようとしていた秩序の中で、その柱になると言ってもよい、決定的に重要なもので、この区別についてゼウスを騙して、彼が意図しているのとあべこべの違いを、神と人間のあいだに定めさせることにもし成功すれば、ゼウスが立てている世界の統治についての計画は完全に蹉跌するからです。そしてその結果ゼウスは、ティタノマキアに敗北するのに匹敵するほどの痛手を喫することになると思われたからでした。プロメテウスはそれで何食わぬ顔をしてゼウスに、彼がそれまで曖昧だった神と人間の区別をはっきりつけるために、神と人間の運命の違いを定めるためのお膳立てを調える役目を、どうか自分に務めさせてほしいと申し出たのです。

ゼウスがそのことに承知すると、プロメテウスは一頭の巨大な牛を屠殺し、その牛を二つの部分に分けました。そして彼はゼウスに、こう言ったのです。

神々に何が属し、人間に何が属するかをはっきりさせるために、私はいま、牛を二つの部分に分けました。その二つの部分の一方を神々の取り分にし、一方を人間の取り分に決めれば、神々の取り分になった牛の部分は神々の運命を、人間の取り分になった牛の部分は、人間の運命を表わすことになり、神と人間の運命の違いがはっきりつけられます。だから二つの部分のうち、どちらでもあなたがそうしたいと思われる方を、神々の取り分にお選びください。

ここでプロメテウスが牛の「部分」という意味で使ったギリシア語の言葉は「モイラ」ですが、この語にはまた「取り分」とか「分け前」という意味もあります。またそれぞれのものに定められる「取り分」、「分け前」は、世界でそのものに割り当てられる「運命」にほかなりませんので、モイラは「運命」を意味する語でもあり、それぞれの名を、クロト（紡ぐ者）、ラケシス（分け与える者）、アトロポス（変えられぬ者）という三姉妹だとされる運命の三女神を一括して呼ぶ名前でもあります。

プロメテウスはそれで、牛を二つの部分モイラに分けました。そしてそのうちの一方をゼウスが、神々の取り分モイラに選べば、そのゼウスによって神々の取り分モイラに選ばれた牛の部分モイラは、神々の運命モイラを表わすことになり、そして人間の取り分モイラに決まったもう一方の牛の部分モイラは、人間の運命モイラを表わすことになり、神々と人間の運命がはっきりつけられることになると言ってゼウスに、神々の取り分となる牛の部分を選ぶように勧めたわけです。

神々と人間の区別をつけるに当たってゼウスが意図していたのは、それまで神々と違いが曖昧だったために、人間が享受することを許されていたすべてのよいものを、神々だけの持ち分モイラにし、人間にはそれとはっきり異なる悪いモイラを定めることでした。それでゼウスをペテンにかけてその目論見をあべこべにするためにプロメテウスはこのとき、牛を二つの部分モイラに分けるに当たって、あらん限りの狡知をしぼって、絶妙きわまりない悪だくみをしかけたのです。

彼が作った牛の二つの部分のうちの一方のなかみは、彼が美味しい食べものになる良い部分だと考えた、牛の肉と内臓でした。その肉と内臓を彼は、食べられない牛の皮で包んで隠した上に、その全体をさらに牛の胃袋の中に詰めこんで置いたのです。もう一方の部分のなかみは、食べられないので不要だと彼が思った牛の骨でした。その骨をプロメテウスは、さも大切なものに見えるようにきちんと積み上げ、その上をいかにも美味しそうに見える、まっ白な牛の脂肪ですっかりおおい隠しておいたのです。

こうしておけば、美味しそうな脂肪の外見に欺かれてゼウスは、何の役にもたたぬ骨を、神々の取り分に選ぶに違いない。そうすれば胃袋の中の食べられる肉と内臓だけでなく、いろいろな用途に使えて便利な皮まで、すっかり人間のものになる。そうなればすべての良いものを神々に独占させ、人間にはそれとはっきり違う悪い運命を割り当てようとしているゼウスの計画は、完全にあべこべになってしまうわけだ。

プロメテウスは、こう考えていたのです。

だがそのプロメテウスの思わくと違って彼が巧みに仕組んだこの「悪だくみ（ドリエ　テクネ）」は、ゼウスにすっかり見破られていたのです。彼の前に置かれた牛の二つの部分を見てゼウスは、『神統記』の五四四行によれば、「いかにも不公平なしかたで、君は取り分を分けてくれたな（ホス　ヘテロゼロス　ディエダッサオ　モイラス）」と言いました。つまり自分が意図したまさにその通りに、一方が良いモイラで、他方が悪いモイラになるように、見るからに不公平なしかたで牛を分けてくれたと言って、プロメテウスがした牛の分割に、さも大満足しているようなふりをしてみせたのです。しかしゼウスは、牛の胃袋と皮の中に何が詰めこまれ、白い脂肪の下に何が置かれているかを、すっかり見抜いた上でプロメテウスをからかって、彼にまんまと騙されているふりをしたので、そのことは五四五行に、「ゼウスはからかってこう言ったのだ（ホト　パト　ケルトメオン　ゼウス）」と明言された上に、五五一行にはさらに「その悪だくみを見抜き、むざむざと欺かれはしなかった（グノ　ルデグノイエセ　ドロン）」と言われて、ゼウスがプロメテウスにけっして騙されていなかったということが、念を押すようにしてくり返されています。

つまり彼を騙して、無価値と思える牛の骨を神々の取り分に定めようとした、プロメテウスの悪だくみをすっかり見抜いていたのに、ゼウスはプロメテウスをからかって、騙されているふりをしてみせたのです。そしてプロメテウスが、ゼウスが騙されてそうするに違いないと予測していたまさにその通りに、骨の山を覆っていた白い脂肪を取り除けたので、そのことは五五三行に「彼は両の手で、白い脂肪を持ち上げた（ケルシ　ド　ガンポテレシン　アネイレト　レウコン　アレイパル）」と言われています。つまり「不滅の企みを知るゼウス（ティタ　メデア　エイドス（五五〇行））」の胸中には、そもそもの当初から、神々の至福とはっきり区別されるために、どのような災いが人間のモイラにされねばならないかということについて、計画がすっかりでき上がっていました。その不滅の企図に基づいてゼウスは、脂肪に覆われていた骨を、神々の取り分に指定したのだというのです。

骨はじっさい牛の体の中で、それだけは腐って朽ちることのない箇所なので、不死で不滅である神々の運命を表わすのに、まさに格好の部位でした。それに対してプロメテウスがゼウスを欺いて人間の取り分にしようと画策していた肉と内臓は、牛が死ねばまっ先に腐敗して悪臭を発し、朽ちてなくなってしまうので、汚れた肉体を持ち儚い命しか生きられずに、死ねばたちまち腐って朽ち果ててしまう人間の惨めな運命を表わすのに、この上なく相応しい牛の部位だったのです。

それでゼウスがこのようにして、プロメテウスがさも美味しそうに見えるように、脂肪の下に覆い隠しておいた牛の骨を、神々の取り分に定めたことで、プロメテウスが食べられぬ皮で包んだ上に、胃袋の中に詰めこんで、全体が食べられぬ屑の入ったごみ袋に見せかけるようにして置いた、牛の肉と内臓は人間の取り分に決まりました。こうして太古にプロメテウスによってされた牛の二分割と、その悪だくみを、自分の不滅の企みを成就するためにまんまと利用してなされたゼウスによる選択の結果として、古代ギリシア人にとっての宗教の核心だった、牛を神々への生け贄として供える、供犠式の儀礼が制定されました。古代ギリシア人は、牛を殺してその肉を食べるに際しては、必ず神々を祭るための供犠式を実施していました。そしてそこでは、神々への供物として殺された犠牲獣の肉と内臓は、じっさいには人間が食べ、また皮と胃袋も人間の利用に供されていました。胃袋については食用にはされませんでしたが、オデュッセイアの第二〇歌二五～六行に、寝返りを打つ様の比喩として「男が中に脂と血の詰まった生け贄の胃袋を燃えさかる火の上で、少しでも早く焼き上げたい思いに駆られて、右に左にひっくり返すように」と言われていることからも明らかなように、血と脂を中に詰めて焼き、ブラッドソーセージ（ブーダン）を作るためなどに利用されていました。

ところが一見すると人間に一方的に有利に思える、この牛の分割の結果、人間の取り分になった肉と内臓は見たように、牛が死ねばすぐに腐って朽ちてしまわねばならぬ部分なので、短い命しか生きられず、死ねばたちまち腐って朽ちてしまう人間の運命を表わすのに、じつはこの上なく相応しいもので、その一方で腐りも朽ちもしない骨は、不死で不滅の神の運命を表わすのに、まさに恰好の部分だったのです。それでプロメテウスがした牛の分割と、ゼウスがした選択によって、神々には不死、人間には死の運命が、確定されることになったわけです。しかもプロメテウスの神々に対する悪だくみへの報復としてヘシオドスによれば、ゼウスは人間たちから、生命の糧の食物と、それに火を隠してしまいました。そのことは『仕事と日』の四二～五〇行に、こう歌われています。

なぜならば、神々は人間たちから、生命の糧を隠しているのだから。
もしそうでなければ、お前は一日だけ楽に働けば、
一年間、何の仕事もせずに暮らせるだけの収穫を、得られたであろう。
そして船の舵はすぐさま、(炉の)煙の上方に吊るしてしまって(航海の季節が終わると、舵は船体から取り外されて、炉の上に吊るされて保存されました)、
牛たちや、忍耐強い騾馬たちを、仕事に駆り立てる必要も、まったくなかっただろう。
だがゼウスは心に怒って、隠してしまったのだ。
彼を、ひねくれた奸知の持ち主であるプロメテウスが、ペテンにかけたそのおりに、
このことの故に彼は、人間たちに対して、忌わしい苦難を生じさせた、
そして彼は、火を隠したのだ。

ここで言われているように、生命の糧が神々によって隠されてしまっているために、豊穣な大

地が自然に無尽蔵に産出してくれるものを、必要に応じて取って来て使えばよかった太古の黄金の種族の人々と違って現在の人間は、隠されている生命の糧を、額に汗し牛や騾馬を追い使うなどして、辛苦して畑を耕して大地から生え出させるか、危険を侵し船で海を渡って、交易によって手に入れなければならなくなり、労働の苦しみが現在の秩序の中で、人間の運命の不可分の要素を構成することになったのです。そしてその上にゼウスはさらに火も隠して、人間に自由に利用させるのを止めたと言われています。

それまで地上で勝手に使うことを許されていた火を、とつぜんゼウスによって天上に持ち去られ、手に入れられなくされてしまったことで、人間は困り果て、どうすればよいか分からずに、途方に暮れるほかありませんでした。あらゆる生物の中で、ただ人間だけが使うことができた火を、隠されて利用できなくされてしまっては、人間はたちまち動物の中で、もっとも無力になってしまうほかなかったからです。

だが人間にとってまったく絶望的と思われたこの状態は、長くは続きませんでした。ゼウスによって隠されて使えなくされてしまった火を、プロメテウスがゼウスの眼を巧みに欺き、天上から盗み出してきて、また人間に与えてくれたからです。そのことは『神統記』の五六五〜七行に、こう歌われています。

しかし、イアペトス（＝プロメテウスの父神）の立派な息子は、彼（＝ゼウス）を欺き、疲れを知らぬ火の、遠目に著るしき輝きをうつろな大茴香に入れて盗んだ。

『仕事と日』の五〇行で、ゼウスが「火を隠した（クリュプセ　デ　ピュル）」と言われている火は、『神統記』の五六三行に「疲れを知らぬ火の力（ピュロス　メノス　アカマトイオ）」と言われているように、勢いがけっして弱ることのない火でした。現に人間が使っている火は言うまでもなく、どんなに盛んに燃えていても、燃料が尽きれば火勢が衰えてしまいには消滅します。それと違って天上で神々のもとにある火は、神々が不老不死であるように永遠に不滅です。太古に神々と区別が曖昧だったときには、人間はその疲れを知らぬ不滅の火を、自由に取って使うことを許されていました。だがプロメテウスの悪だくみに怒ったゼウスは、それに対する報復として、その疲れを知らぬ火を人間から隠して、利用させるのを止めたのだと言うのです。それでプロメテウスはとうぜん、そのゼウスによって人間から隠された疲れを知らぬ火を、盗みに天上に行ったわけですが、『神統記』の五六六〜七行には、彼は「その疲れを知らぬ火の遠目に著るしき輝き（アカマトイオ　ピュロス　テレスコポン　アウゲン）」を、「うつろな大茴香に入れて（エン　コイロ　ナルテキ）盗んだ」と言われています。

ここでプロメテウスが、火をその中に入れて天から盗んできたと言われている大茴香（ナルテクス）は、丈の高いセリ科の植物で、杖などとしても使われた茎の内部に、繊維質の芯を含んでおり、その一端に点火すると火は緑色の茎の内部で、長時間にわたって少しずつ燃え、そのあいだ茎の外皮は燃えることがありません。それでプロメテウスはこのナルテクスの性質を、巧妙に利用することによって、その輝きが「遠目に著るしき（テレスコポン）」と言われているように、遠くからでも燃えているのがはっきり見える火を、その中に隠してゼウスに見咎められずに、地上まで持って帰ってくることができたとされているわけです。

ただこのようなナルテクスは、とうぜん人間にとって、プロメテウスが盗んできてくれた火を、種を消さずに持ち運ぶために便利な道具になりました。実際にエーゲ海域ではこの植物の茎が、一九世紀にもそのような使われ方をしていたことが知られています。つまりナルテクスに入れられて人間のもとにもたらされたことで、天上の神々のもとで疲れを知らず不滅だった火は、ナルテクスのような手段を使って大切に保存せねば消えてしまう、死ぬべき人間が持つのに相応しい可死の火となって、人間の手に入ったわけです。このような可死の火を、人間が運命の一部として持つことは、明らかに、ゼウスの不滅の計画によって当初から予定されていたことでした。つまりプロメテウスが得意の知恵を絞ってたくみに考案した火の窃盗によっても人間はけっきょく、ゼウスがあらかじめ計画していた通りに、不死の神々が天上で使っている不滅の火とははっきり違う、人間が持つのにふさわしい可死の火を持って、生きて行かねばならぬことになったわけです。

太古にゼウスとプロメテウスのあいだでされたこれらのやり取りによってこのように運命を定められたことで人間は、見てきたように神々とははっきりと区別されることになりましたが、その一方で他の動物たちとの違いも、明確に定められることになりました。まず牛に代表される家畜を神々への犠牲として、一定の儀式に従って所定の刃物を用いて殺して、肉と内臓を火で調理して食べ、骨を祭壇の上で神々のために燃やすことで人間は、このようにして供犠の儀式を実施するたびごとに、犠牲獣の中の自分の胃の腑に入る部分と、神々のもとに芳しい煙となって届けられる部分との違いによって、自分たちが可死で神々は不死であるという神と人とのもっとも根本的な区別を、そのつどはっきりと表明することになりました。しかしそれと同時にまた人間はその一方で、このような宗教の儀式を施行せず、刃物を使わずに爪と歯によって殺戮した仲間の獣の肉を、料理せずに生のままで貪り食う肉食獣とも、明瞭に区別されることになったのです。

また人間は、この供犠の儀式でされる犠牲獣の分割が、人間の方に有利になるようにしようとした、プロメテウスの企みに怒ったゼウスによって、生命の糧の食物が隠されてしまったために、必要なものがすべて何の労苦もせずに手に入る神々と違って、食物を大地を耕すなどして、自分たちの労働によって手に入れて生きて行かねばならなくなりました。しかしこのことでも人間は、労働をいっさいせぬ神々とははっきり区別される一方で、大地から生じる実りを、労せずに取って食べている草食動物とも、明瞭に異なることになったのです。さらに生命の糧と共にゼウスによって人間から隠されてしまった火を、大茴香に入れて天から盗んできてくれたプロメテウスの窃盗によって人間は、自分たちが持つのにふさわしい、火種を絶やさぬように注意せねば消滅してしまう火を持つことになりました。ただ天上で神々が持っている、疲れを知らぬ不滅の火と違う可死の火であっても、このような火を持ちその結果さまざまな文化を持つことは、人間とその他の動物たちとの決定的な相違点となったのです。

ディオニュソスは密儀の中で信女たちを、人間を神々と区別しているモイラから解放し、彼女たちに神と自分たちの違いがつかのま解消されて、自分たちが神と合一する神秘を体験させていましたが、それと同時に信女たちを、野獣との違いからも解放していました。密儀のさなかに、自分たちのために無尽蔵に湧いて出る、清水や乳や酒や蜂蜜をほしいままに摂取することで信女たちは、労働とまったく無縁な神々の至福な境地を味わっていましたが、それと同時に、自然の実りを労せずに飲食している、草食獣と自分たちの違いも解消させていました。また密儀の頂点で執行されるスパラグモス（八つ裂き）とオモパギア（生肉食い）の儀礼では信女たちは、獣を素手で八つ裂きにし、肉を料理せずに生のまま貪り食うことで、自分たちを文字通り肉食獣と同然に化し、野獣と自分たちの相違を、まさに極限まで無に近づけていたのです。ディオニュソスの密儀が、人間のモイラを否定することで、信女たちをその規範から解放し、自然との融合と野獣との同化を遂げさせるものであったことは、『バッコス信女たち』の中でされている牛飼いの報告の七四八～七五八行で、密儀の最中に女たちがしたことが次のように述べられている、キタイロンの麓の村に対する襲撃の模様からも、はっきりと確かめることができます。

それから彼女らは、まるで鳥のように地に足を触れずに駆けて、テバイの人々の豊かな穀物の実りを産出する、アソポスの流れに沿う麓の平地に向かいました。キタイロンの岩壁の下方にある村ヒュシアイとエリュトライとを、まるで敵のように襲って、あらゆるものをめちゃめちゃに荒らし、家々から幼な子を攫ってきます。肩に載せた銅器と鉄器もすべて、紐で縛りつけてないのに、黒い地面に落ちることもありません。また火を、髪の毛の上にじかに載せて運んでいるのに、火傷もしません。

ここで信女たちが目標に向かって驀地に猛進した有り様が、まるで地に足を触れずに宙空を飛ぶ鳥のようだったと言われていますが、『バッコス信女たち』の一〇九〇行でも信女らは、「鳩の速さにも劣らぬ迅速さで突進した」と言われ、一〇九四～五行には、「神の息吹きに狂乱して、谷の渓流と岩壁を一気に飛び越えた」と言われています。つまり人間のモイラから脱却を遂げている信女たちは、重力にも拘泥されずに、鳥のように一気に空間を飛び越え、瞬時に目的地に達することでも、超能力を発揮するのです。

このようにして自然と融合し野獣と同化しきることで「神々のよう」になり、人間にはありえぬ超能力を発揮するようになった信女たちは、宙を飛ぶ鳥のように山を一気に下ると、穀物を食べることをモイラとする人間のその主食物を産出する肥沃なボイオティアの沃野に、まるで外敵のように攻めかかって、その人間の営みの根拠地の村の中のあらゆるものをめちゃめちゃに荒らしました。そして幼児を攫い、また肩には銅器と鉄器を、髪の上にはじかに火を載せ、紐で結えつけていない肩の上の金属器を落とさず、火に髪を焼かれぬことでも超常の不思議を現出しながら、それらを村の家々から持ち去ったと言うのです。

つまり彼女たちは、人間を動物と区別する農業の行われている沃地に、敵として来襲し、人間と動物を区別する社会生活の営まれている場所に襲いかかって破壊の限りを尽くし、すでに見た牛飼いの報告の中の七〇一～二行に、野獣の子に乳を与えている信女たちのことを、「まだ子を産んだばかりで、乳房が張っているのに、その嬰児を置き去りにしてきた者たちです」と言われていたように、ディオニュソスは授乳している女たちに容赦なく家庭を捨てさせることによって、乳呑児たちから母親を引き離しました。このことを拒み、家に居て妻と母の務めをあくまでまっとうしようとする女は、ディオニュソスによって、もっともむごたらしいしかたで母であることを止め、野獣と化することを強いられたので『アポロドロス』三・五・二によれば、アルゴスではディオニュソスへの入信を拒んだ女たちは、神に狂わされて山中で、胸に抱いていた乳呑児たちの肉を啖ったと物語られています。

牛飼いの報告によれば、テバイのディオニュソス信女たちは嬰児たちのほかにさらに、金属器と火も、村の家々から持ち去ったと言われています。つまり彼女たちは、農業と社会と家庭を敵視して荒らした上に、これこそ人間のモイラのもっとも肝心な要素である火を、その火を得た結果として人間が持つことになった文化の用具と共に、村々から強奪したとされているので、この劫掠においても信女たちは明らかに、人間のモイラを解消させ、人と獣の区別を無にすることを目指して、狂奔していると言えるでしょう。

このように人間に定められているモイラの拘束を、男よりいっそう厳格に受けていた女たちを、信女にすることで自身と合一させ、自分たちと神との違いがつかのま無化する法悦に酔わせ、その一方で信女たちに、野獣との同化を体験させていたディオニュソスの働きは、ギリシア神話の他の神たちとは、明らかに反対と言ってよいものでした。古代ギリシア人が何よりも大切だと考えていたのは、ゼウスを神々の王として成り立っているとされていた世界の秩序コスモスで、そのコスモスに肝心なことは、その中でそれぞれのものにモイラの違いが定められ、あるものと他のものの区別が曖昧にされて混同されることがないことだと見なされていました。そしてその中でももっとも肝心かなめな区別こそ、神と人間のモイラの違いだと考えられていました。ギリシア神話の主な神々に共通する任務は、そのモイラの区別を混同させずに、コスモスを厳格に維持することだと見なされていたのです。

6　たがいに正反対の働きをしていたアポロンとディオニュソス

ですから人間の女たちをモイラから解放し、文化と自然、人間と野生の動植物、さらに人間と神々を隔てている境界まで、つかのま消滅させてしまうことでディオニュソスは、コスモスとモイラの維持を共通の任務としている、他の神々とは、明らかに正反対の働きをしていると言えます。神々の中でとりわけ、あらゆるものにそれぞれのモイラを守らせることにもっとも厳格で、人間と神々の違いが曖昧にされることをけっして許さなかったのはアポロンです。アポロンの信仰の中心の聖所だったデルポイの神殿の入口には、この聖所に神託を受け、アポロンの教えを求めにやって来る参詣者たちに対する、この神からの呼びかけのようにして、三つの箴言が刻銘されていました。その一つが有名な「汝自身を知れ（グノティ　サウトン）」という言葉で、他の二つは「何ごとにも、度を過ごすな（メデン　アガン）」と、「保証はやがて、身の破滅（エンギュア　パラ　ダテ）」というものでした。これらの箴言は、どれもすこぶる簡潔なので、意味をさまざまに解釈できそうですが、三つを合わせ、たがいに関連づけて考えれば、真意はまったく明瞭だと思われます。

紀元前一世紀に著作した歴史家のディオドロスは、世界の歴史を概説した大著『ビブリオテケ』の第九巻で、これらの箴言の意味を解説した中でその例証として、次の二つの出来事のことを記しています。九・一〇・三にはあるとき、アドリア海の沿岸に住むエピダムリア人のあいだで内戦が起こり、その最中に彼らは、真赤に灼熱した鉄を海に投げこんで、この鉄が再び灼熱したままの状態で海から取り出されぬあいだは、けっして争いを止めぬと厳かに誓ったことが物語られています。だがそのあとに状況が変化したために彼らは、冷たくなっている鉄を海底に放置したままで、仲直りをせざるをえなくなったというのです。また九・一〇・五には、紀元前四七九年にプラタイアイの戦いでペルシア戦争におけるギリシアの勝利を決定づけたあとで、ギリシア人たちがその場において、ペルシアに対する敵意を、河川が海へ流れこみ、人間の種族が存続し、大地が実りを生じるあいだは、必ず子々孫々にまで伝え続けると固く誓ったことが記されています。だがこの戦いのおりにペルシアの大王だったクセルクセスの息子のアルタクセルクセスの時代には彼らはもう友好と同盟の条約を結ぼうとして、このペルシア王のもとに使節を送ったというのです。

つまりこれらの例から明らかなように、神と違って人間は、けっして将来のことを予知する能力を与えられていません。だからその人間が身のほどをわきまえずに、不可知の将来にまでわたって、自分たちを縛るような約束をし、誓いをたてれば、やがてそれを破り偽誓罪に対する神の怒りによって破滅することになるので、「保証はやがて、身の破滅」という箴言は、そのことを人間に対して戒めた教えにほかなりません。そしてこれと照らし合わせて理解すれば、「汝自身を知れ」というアポロンの呼びかけは、人間に自分が何者であり、神とどれほど徹底して違っているかを、よくわきまえよと命じたものであり、「何事にも、度を過ごすな」というのは、そのような人間が、自分が何であるかを忘れ、人間の分際を超える振舞いを、けっしてしてはならないと厳しく戒めたものであることが、明らかだというのです。ディオニュソスが曖昧にした神と人間の区別を、アポロンがどこまでも厳しく守らせようとする神だったことはこのように、これらの有名な箴言からも明らかだと思われるわけです。

人間に神との違いをはっきりと思い知らせ、分を越えた行き過ぎをけっして許さないアポロンの態度は、ホメロスの『イリアス』の中でもすでに、はっきりと語られています。『イリアス』の第五歌には、ギリシア方の屈指の勇将の一人であるディオメデスが、彼をかねてから別格に贔屓しているアテナ女神によって力と勇気を吹きこまれて、トロヤ方に味方して戦っているアフロディテとアレスの両神まで、次々に傷を負わせて天上に追い返してしまい、まさに人間の分際を越える猛勇を揮って、「神とも見紛う（ダイモニ　イソス）」大活躍をしたことが物語られています。そうするとそのまっ最中にアポロンは、そのディオメデスに対して次のように、まさに「汝自身を知れ」、「何ごとにも、度を過ごすな」という意味の一喝を浴びせて、自分の面前から引き下がらせたと言われています。

　彼の猛勇にもひるまずに立ち向かってきた、アフロディテの息子のアイネイアスに、大石を投げつけて重傷を負わせたディオメデスは、倒れた息子を抱き上げて戦場から連れ出そうとしたアフロディテにも、槍で手を突き刺して負傷させました。それで女神は助けようとした息子をほうり出して、泣きながら天に逃げ帰ったのですが、そのあとにアフロディテに代わって、アイネイアスの庇護に当たったアポロンが、アイネイアスにとどめを刺そうとして躍りかかってくるディオメデスに、神と人間の違いを思い知らせる叱責を浴びせて引き下がらせ、アイネイアスを救ったので、その模様は第五歌の四三六〜四四八行でこう歌われています。

それから彼（＝ディオメデス）は、三度、殺してやろうとはやり、激しく躍りかかった。
だがその彼の輝く盾を、三度アポロンが、手荒く押し戻された。
そして四度目に彼が、まるで神とも見紛う様子で、突進してくると、
遠くから威力を振るうアポロンは、恐ろしい声で彼を叱りつけて、言われた。
「つつしめ、テュデウス（＝ディオメデスの父）の子よ。そして下がっておれ。
けっして神々に、匹敵する思いを持とうとしてはならぬぞ。
なぜなら、不死の神々と、地上を歩く人間どもとは、けっして種族が同じではないのだから
な」。
こう彼が言われると、テュデウスの子は、遠くから矢を射る、アポロンの怒りを避けようと
して、
少し後ろへ、引き下がった。
するとアイネイアスを、アポロンは、群集から遠くに引き離して、
神聖なペルガモス（＝トロヤの城壁）の内に、置かれた。
そこに彼の神殿が建っている、その場所に。
それでレトと、矢を好むアルテミスとが、広い奥殿で、彼の傷を癒し、
元通りの輝かしい姿に、戻してやられた。

このように神と人間の区別を強調し、それが曖昧にされることを絶対に許すまいとする態度を、アポロンは『イリアス』の第二一歌でもまた別のしかたで、この上なくはっきりと表明したことを歌われています。トロヤ方に味方し、アキレウスを溺死させようとしたクサントス（＝スカマンドロス）川の神を、ヘパイストスが火の力で降参させたのをきっかけにして、ついにゼウスを除く他の神々も、ギリシアの味方とトロヤの味方の二手に分かれ、神々同士で激しい戦闘を始めましたが、その最中にギリシア方に熱心に加勢しているポセイドンが、アポロンに向かって、自分たちも他の神々に負けずに、一騎打ちの戦いをしようと言って呼びかけました。そうするとトロヤのもっとも有力な味方であるアポロンは、四六二〜七行でこう言って、やがて死んで亡びる運命の惨めな人間どものために、自分たち神々が戦いあうことを、きっぱりと拒否したと言われています。


大地を揺する神様、私はあなたに正気をなくしたと言われてもしかたありますまい。

もしも惨めな人間どものために、あなたと本当に戦うようなことをすれば。

彼らはまるで木の葉とそっくりに、あるときは畑の実りを食べて、勢いさかんに燃え上がっても、
やがて時がくれば、衰えて死滅してしまう者たちなのですから。

ですから私たちは、ただちに戦いあうのを止め、

人間たちには、勝手に戦いを続けさせることにしましょう。

『ホメロス讃歌』の中の「アポロンへの第一の讃歌」には、デロス島でのアポロンの誕生の次第が歌われたあとに続けて、彼がオリュンポスのゼウスの館で催される神々の集いに加わり、竪琴を奏でながら詩の女神のムサイたちを指揮して、歌を唄わせはじめる模様が、一八二〜一九三行でこう描写されています。

レトの誉れすこぶる高い息子神は、それから、
中のうつろな竪琴を奏でながら、岩の多いピュト（＝デルポイ）に向かって行く。
薫香をたきこめた、神の衣を身に纏って。
彼の竪琴からは、黄金の撥によって、憧れをそそる調べが鳴り響く。
それから彼は、まるで思念のように軽やかに、地を離れてオリュンポスに向かい、
ゼウスの館に、他の神たちの集いに、加わりに行く。
すると不死の神々の心はたちまち、竪琴と歌によって占められる。
ムサイたちは、みないっせいに、美しい声を合わせて、彼に答え、
神々の持つ不死の特典と、人間のものである数々の患苦を歌う。
人間どもが、不死の神々から、どれほどの患苦を課され、

死を癒す方法も、老いを防ぐ手段も見だせずに、
無知で無力な生を、送らねばならないのかを。

つまり出生ののちに天上で、主な任務の一つである、ムサイたちの指揮者（ムサゲテス）として活動を開始するに当たっても、アポロンがまずまっ先にしたことはムサイたちに、苦しんで短い命を生きたあとに、すぐに死んで亡びねばならぬ人間たちが、不死で永遠に至福である神々と、どれほど根本的に違うかを、はっきりと歌わせることだったとされているわけです。

7　ギリシア文化の表の顔だったアポロンに対して、裏の顔だったディオニュソス

このように古代ギリシアの他の神たちが、それぞれのしかたで維持することを共通の任務としていた、世界の秩序＝コスモスとその中でそれぞれのものに定められているモイラの区別を守ることにアポロンは、すべての神々の中でもっとも厳格で、とりわけ神と人間の違いが曖昧にされることを、けっして許すまいとしました。その意味でアポロンは、コスモスの中のモイラの区別が乱されぬことで保たれる、一般に古代ギリシア文化の特徴と考えられている均整さを実現するために不断の働きをした、この文化の表の顔だったと見なすことができます。それに対して見て

きたように、他の神たちとは正反対に、文化と自然、人間と野生の動植物、果ては人間と神々を隔てている障壁までつかのま消滅させ、区別を無化してしまうことでディオニュソスは、アポロンが表の顔だった古代ギリシア文化を、反対の方向から強力に動かしていた、この文化の裏の顔の働きをしていました。

このような文化の裏の顔としてのディオニュソスの働きは、古代ギリシア文化をわれわれが知るようなものにするために、ぜひとも必要なものでした。ディオニュソスを文化を裏から強烈に動かす顔として持つことで、古代ギリシアの文化は単純な一枚岩ではなくなり、複雑な深みを持つことになったのです。古典ギリシア文化の最大の成果は言うまでもなく、アイスキュロスとソポクレスとエウリピデスの悲劇と、アリストパネスの喜劇です。その悲劇と喜劇はどちらも、ディオニュソスの祭りから誕生したもので、主な作品は紀元前五世紀に、この神の祭りの中で初演されました。このことからもディオニュソスが、古代ギリシア文化にとって、存在がぜひとも必要で不可欠な神だったことが、よく分かると思われます。

あとがき

この本の第一部と第二部では、ギリシア神話の中で、異能と言うほかない稀有の才幹を存分に発揮して大活躍をしている英雄のオデュッセウスのことを取り上げました。そして、彼が一般に英雄の理想と見なされているアキレウスと、どのように競い合いながら、たがいに対立し合う関係にあったとされているか。そして一方のアキレウスがギリシアの英雄神話の表の顔であるのに対して、他方のオデュッセウスはその裏面の顔として、たがいにどのような表裏を構成しているかを検討してみました。

第三部では、最高神ゼウスの息子のこよなく尊い神であるはずのディオニュソスが、どのように他の神たちと、まったく正反対の働きをしたとされているかを瞥見しました。ギリシアの神々の務めは押し並べて、ゼウスがものと他のものとのあいだに、たがいに混同されてはならぬ違いをはっきり定めることで成り立たせている、世界の秩序であるコスモスを、それぞれの分野で守ることですが、ディオニュソスは、そのコスモスの根幹であるすべてのものの区別を曖昧にし解消させてしまいます。世界の秩序にとってもっとも肝心な区別は、なかんずく人間と神々の違いですが、その神と人間の区別もディオニュソスは、彼の信仰に帰依する人間の女たちに、尊い神である自分自身との同化を体験させることで曖昧にします。ギリシアの神々の中で、神と人間の違いが混同されることを、もっとも厳格に忌避するのはアポロンですが、そのことでアポロンとディオニュソスの間には、一方を明とすれば他方は暗、一方が光であるのに対して他方はその反対の闇であるような、根本的な違いと対立があります。このようなアキレウスとオデュッセウス、またアポロンとディオニュソスの対立を、光の面に対する影の面の対比として内包することで、古代ギリシア文化は、今も私たちを魅惑して止まぬ、陰影にとんだ豊かさを持つことになったのです。

最後にこの本をこのような形にまとめ上梓するに当たって、青土社書籍編集部の菱沼達也さんから、お心のこもったご尽力と、多くの貴重なご助言を賜ったことを特記し、心から御礼を申し上げます。

二〇一八年四月

吉田敦彦

著者　吉田敦彦（よしだ・あつひこ）
1934年生まれ。東京大学大学院人文科学研究科西洋古典学専攻課程修了。フランス国立科学研究所研究員、成蹊大学文学部、学習院大学文学部教授を歴任。学習院大学名誉教授。専攻は比較神話学。著書に『日本の神話』『鬼と悪魔の神話学』『縄文の神話』『大黒主の神話』『ギリシァ神話と人間』『女神信仰と日本神話』（以上、青土社）、『日本神話の源流』（講談社学術文庫）など。

ギリシア神話の光と影
アキレウスとオデュッセウス

2018年5月22日　第1刷印刷
2018年6月15日　第1刷発行

著者——吉田敦彦

発行人——清水一人
発行所——青土社
〒101-0051　東京都千代田区神田神保町1-29　市瀬ビル
［電話］03-3291-9831（編集）　03-3294-7829（営業）
［振替］00190-7-192955

印刷・製本——シナノ印刷

装幀——菊地信義

ISBN978-4-7917-7076-2　C0010

吉田敦彦の本

ギリシァ神話と人間

泥棒と嘘つきの神がなぜいるのか、
福神の目がみえない理由とは、
貧乏神が私たちにとって必要なわけ、
アキレウスはどうして理想の英雄なのか、
ヘシオドスが見つめた人間の運命とは何か……。
神話は運命をどのように描いたのか。
碩学がギリシァ神話に人間性の根源をたどる。

青土社　定価　本体２２００円（税別）
四六判上製　２１６頁
ISBN978-4-7917-6936-0

吉田敦彦の本

女神信仰と日本神話

地母神信仰、イザナミ、ヌナカハヒメ、
オホゲツヒメ、アマテラス……
日本の神話における
女性の神々の役割を多角的に分析し、
現在にいたるまで私たちの信仰や生活に
影響をあたえつづけている女神の力を、
日本だけでなく、他の地域の古代信仰や
男性神との比較から明らかにする。

青土社　定価　本体２０００円（税別）
四六判並製　１６０頁
ISBN978-4-7917-7032-8